移民臺灣！你不可不知的事

一本精通申辦移民的法令須知與實務

徐健麟、蔡政杰 著

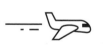

推薦序
吸引高端人才，建構友善移民

內政部移民署署長　鐘景琨

　　因為受到少子女化及高齡化的影響，台灣的人口結構正逐漸邁入老年社會，2020 年台灣人口的死亡率已經高於出生率，呈現負成長的狀態，人口問題儼然成為國家安全的議題，而「移民」正是政府用來解決人口問題的對策之一。如何讓符合條件的移民順利申請來台，是移民署的工作，也是我身為移民署署長的責任。

　　因此，在獲知健麟和政杰所合著了《移民臺灣，你不可不知道的事》一書，我甚感欣慰，因為本書內容在於介紹外國人、大陸地區人民、港澳居民如何申請移民來台，這和移民署所推動的工作理念相符，所以我很樂意為這本書作序。

　　健麟和政杰都曾就讀中央警察大學國境警察研究所，具備國境、移民等領域的學識背景，另健麟也曾在移民署服務，政杰更是從移民署成立之初就一直任職至今，對於移民工作實務有相當的了解，兩人願意投入這麼長的時間與心思合著本書，造福廣大讀者，我給予相當大的肯定和鼓勵。

　　綜覽本書可貴之處，在於廣泛網羅移民署、外交部領務

局、經濟部投審會、大陸委員會、海基會等各政府機關與移民事務有關之訊息，為讀者從不同面向整理各類移民的申辦資料，且細心的將各項重要資訊整理成表，方便讀者閱讀，用心程度，實屬難得。惟因移民工作所涉及的政府機關眾多，需用的法令規範盤根錯節，縱以本書也難以鉅細靡遺、毫無遺漏的介紹各所有細節，但本書已足夠帶領讀者了解申請移民來台的重要程序及資訊，是申請移民來台所必備的入門書籍，絕對是一本值得推薦的好書。

　　近年來國際情勢變化快速，台灣的移民法規也在持續調整修正，除了加強吸引高端人才來台，也相當重視移民在台生活的各項權益及服務措施。我也期許二位作者能持續關切全球移民趨勢的脈動，掌握國內移民法規的更新狀況，繼續提供給讀者最新的移民資訊，共同為建構台灣友善移民的環境盡一份心力。

2021 年 3 月 12 日

推薦序
一本實用且易讀的移民法規工具書

前內政部移民署署長　邱豐光

　　受到全球化趨勢的影響，跨國移民成為國際間普遍的現象，而台灣因為地理、人文、環境、治安的優點，一直以來都受到移民者的青睞，愈來愈多的外來人口想要移居台灣，因此，如何提供足夠的資訊，讓國際間知道移民台灣的優勢，這也是移民署的重點工作之一。

　　本人自擔任移民署署長以來，深感台灣的移民法令相當繁雜，外國人、香港澳門居民、大陸地區人民申請移民來台的法令依據和程序都不太一樣，一般未具移民專業的民眾，確實不太容易理解相關規定，所以在移民署第一線工作的同仁都非常辛苦，每天要面對各式各樣的諮詢和陳情案件，但大部份都只是民眾對於移民法令和申請程序的不熟悉，所以如何能夠讓民眾更了解移民法令的相關規定，也是本人在移民署持續努力的方向。

　　當我看到健麟和政杰二人合著《移民臺灣！你不可不知的事》一書，很用心的把外國人、香港澳門居民、大陸地區人民申請來台的各種法令規範，分篇分節詳細整理、逐項介

紹及列表說明，讓讀者可以很容易的找到自己所需的資料，這本書可說是一本非常實用的工具書，我個人也非常肯定和期待這本書的出版。

尤其健麟是臺北市立教育大學中文系博士，2016 年時曾經出版《這些，憑什麼爆紅！把路人變神人、化品牌為名牌的 36 個網路竄紅實戰案例》一書獲得金書獎，健麟很懂得如何跳脫既有的文字框架，把法令規範的刻板文字轉換成一般人都能夠理解且接受的用語。政杰則是我辦公室的秘書，2012 年起就受聘到中央警察大學利用工作之餘兼課教書，這期間也陸續和移民國境專業領域的學者教授們合著出版多本書籍及論文期刊，移民專業知識也不在話下；兩人能在工作之餘合作共同出版《移民臺灣！你不可不知的事》一書，實屬難得，也是所有讀者的福氣。

我相信這本書的出版，除了可提供給有移民需求的讀者更明確的指南，同時一般讀者也能透過本書的介紹，跨入移民的專業領域，甚至移民署的同仁都可將本書當成職場上的工具書利用，所以，本人相當樂於向大家推薦這本難得的好書。

2020 年 12 月 19 日

推薦序
了解移民台灣法規的寶貴祕笈

中央警察大學國境警察學系主任　**許義寶**

　　欣聞二位具移民實務領域專家徐健麟與蔡政杰先生，擬出版《移民臺灣！你不可不知的事》一書，深覺具有意義。因為本書之出版，可指引初到台灣之外國人或外來人口，對中華民國之移民制度與實務重點，快速得到移民詳細資訊，協助有意申請居留、定居、歸化之外國人或外來人口，迅速申辦相關程序之功效。

　　從法律上言，移民指非在本國出生，不具有本國籍之人，或其父母親不屬於台灣地區有戶籍國民者，而擬移居中華民國（台灣）之人，申請歸化為中華民國國民或在台灣取得永久居住之資格者。

　　實務上有以「外來人口」稱呼外來移民；其一般指外國人、大陸地區人民、香港澳門居民或台灣地區無戶籍國民而言。如為台灣地區有戶籍國民，一時間之出國留學、投資、依親；在一段期間後，欲返回我國（台灣），即得依程序辦理遷入戶籍，而回復其身分。台灣地區有戶籍國民，其並不屬於外來人口，其之返國與登記身分，並不需經過主管機關

許可。

　　本書中介紹各種外來人口之移居台灣的制度與申請流程。「外來人口」之區分界定，主要考量人口政策、國家安全、國家利益等。其中「外國人」指具有外國國籍之人，包括無國籍人。如同時具有我國國籍及外國籍者，亦視為本國國民而非外國人。外國人進到我國，須依外國護照簽證條例所規定之程序，依法申請停留簽證或居留簽證；實務上之免簽證或落地簽證，屬於各國之間為了方便短期觀光、商務目的之旅客，而予以方便而對特定國家國民之開放程序。

　　本書中亦詳細介紹「大陸地區人民」之入境、居留與定居流程；其亦屬外來人口之一種。因兩岸之間的長期分離，依我國《憲法》增修條文授權，制定台灣地區與大陸地區人民關係條例，以確保國家安全與規範兩岸間人民之往來事務。大陸地區人民進入台灣地區，須經過許可。近年來兩岸間之通婚數量增加，一方之配偶，因結婚之關係，申請到台灣地區家庭團聚之居住，屬於人民之權利。原則上，確認婚姻之真實性後，即許可其來台居留。另「香港及澳門地區之居民」，我國在移民法有特別之規定，即放寬其來台之申請程序。

　　綜上，本《移民臺灣！你不可不知的事》一書，由二位實務專家所著，觀其內容，甚為實用；又本書作者亦在工作之餘，持續進修博士甚為難得。因此，樂於向讀者推薦。

109.12.11

自序
寬容、包容、笑容：
多元精彩的台灣，歡迎您！

　　台灣的好，一言難盡，需要長時間的品味、賞味，才能真正體會；同樣的，移民台灣，也不能只憑一時的勇氣作祟、上網爬文就能真正意會！

　　我曾和住在台灣的一些外國、香港和大陸的朋友聊天，問他／她們為什麼想來台灣？有人說，因為曾經來台灣旅遊，愛上了台灣的文化和環境，一有機會就選擇來台灣工作，想就這樣長住台灣了；也有人說，台灣人很敦厚、很善良，因為愛上了台灣人，和台灣人結婚後，就選擇住在台灣。這些喜歡台灣的外國、香港朋友，不管他們移民來台灣的原因是什麼，他們都是台灣的一份子。

　　我一直這麼認為：學天的寬容、學地的包容，生活在天地之間的我們，人人才有笑容！

　　蔡英文總統在 2020 年就職典禮演說時曾說過：「台灣的經濟發展，需要匯集來自世界各地的人才。」所以我們希望各地的優秀人才可以來台灣工作。內政部長徐國勇也常說：「世界如果只有黑色和白色，一定很無趣。新住民是台灣的一份子，來自不同國家的新住民，讓台灣變得 colorful

（五彩繽紛）！」一句話道盡多元可愛的台灣！

台灣，就是這麼的歡迎移民、關懷移民，接納移民。

我本身和移民業務也有很深的淵源，在就讀中央警察大學研究所時，碩士論文就是研究移民輔導的議題。之後我也到移民署任職，在第一線為移民服務。

政杰兄長期投注在移民及國境管理的研究領域，在某次因緣際會下，我倆談論國內移民現況的一些問題時，發現許多想要申請移民來台的朋友，看不懂台灣的法令規定，甚至，連一些移民業務機構的代辦人員，對於政府公布的移民資訊也一知半解，這讓台灣想要擁抱移民美意大打折扣。

我們於是思考，以我們二人對移民事務的專業和熱忱，應該可以為社會做點事，不過在個人能力有限的情況下，我們決定先從基礎做起，把如何申請移民來台相關的法規，一一解析製表、整理成書，讓讀者能夠輕易了解怎麼申請移民來台，也希望透過這樣的方式，對於有意來台的移民能有實質的幫助，解決大家對於法令不夠熟悉的問題。

當初編寫這本書的用意，純粹是站在協助移民的立場，一方面讓我和政杰兄有機會善盡自己的所知所學，為移民服務；另一方面，我們也要拋磚引玉，將出版這本書的版稅收益，捐給移民輔導相關的公益團體，盡點棉薄之力。而我們也期待看到更多的有心人士共同投入移民關懷輔導的領域，無私的奉獻，讓住在台灣的移民朋友，也都能感受到台灣人對於移民的愛與付出。

　　本書從發想到完稿的期間並不長，除了我和政杰兄利用工作之餘勤奮撰寫以外，另外我也要感謝移民署的幾位同仁曾智欣、蔡詩涵、汪怡瑄，因為有她們共同協助蒐整資料，以及提供一些實務經驗，讓本書的內容更精益求精、更具完整性，也才能在這麼短的時間內就能讓讀者看到本書的出版。

　　談起移民，我常會想到陶淵明《雜詩十二首》中的第一首詩：

　　　人生無根蒂，飄如陌上塵。
　　　分散逐風轉，此已非常身。
　　　落地為兄弟，何必骨肉親！
　　　得歡當作樂，斗酒聚比鄰。
　　　盛年不重來，一日難再晨。
　　　及時當勉勵，歲月不待人。

　　移民朋友們到一個新的國度生活，猶如浮萍，實屬不易，想要能夠落地生根，就要靠大家對移民都抱以一顆歡迎且善念的心，彼此真誠融入，相互扶持尊重。我很有感觸，於是將這一首詩的意境，寫成歌詞，由作曲家林苙霏老師譜曲，親自錄製了一首台語歌《有故事的人尚水》：

人生如浮萍

漂浪不是不得已

追求幸福靠自己

分散隨風

四海攏是一家親

差在日月分明時

啊～朋友用心交陪 可比骨肉親情

知己互相勉勵 歲月不待人

咱就認真打拚 惜緣也惜情

頭前春風微微

阮相信有故事的人尚水

　　這首歌，上傳到 Youtube 頻道與讀者朋友分享，希望大家能透過這首歌，體會一下離鄉背景打拚者的心情、浮雲遊子的心情、日久他鄉變故鄉的心情！

作者　徐健麟　蔡政杰，謹誌

目錄

圖目錄

表目錄

第一篇

了解移民台灣的大小事

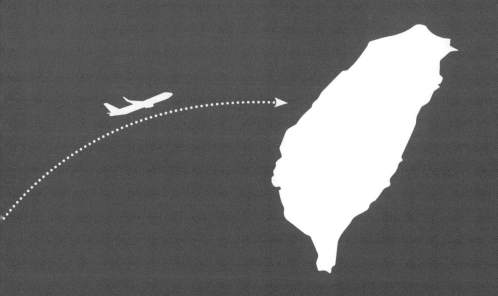

第 1 章　認識台灣的移民類別

台灣（Taiwan），西方國家稱之為福爾摩沙（Formosa），是指美麗的島嶼。台灣位於東亞，周圍環繞太平洋（菲律賓海）、巴士海峽、南海、台灣海峽、東海，全島面積約 3.6 萬平方公里，總人口數約 2,300 萬人，四季氣候宜人、景色風光明媚。台灣的首都台北市在 2018 年及 2019 年時都被全球旅外人士網站《InterNations》調查評比為亞洲「最適合移居城市」冠軍，在台灣社會生活中則兼具了都會生活與自然特色。

在台灣的都會生活非常方便，到處都有便利商店和夜市小吃；在交通方面，都會區的捷運和公車路網等大眾運輸規劃相當完整。台灣南北向的高速鐵路（Taiwan High Speed Rail）更建立起全台灣的一日生活圈，從台北到高雄只要 90 分鐘的車程。

離開了都會區，無論是要到花蓮太魯閣爬爬山，或是去墾丁南灣玩玩水，台灣各縣市的旅遊地點和景色也都相當吸引人。在人文風情的部分，台灣人性情善良純樸，對於外來的朋友都很熱情好客，有機會認識很多的好朋友，還有太多迷人的地方，讓許多外國人第一次來到台灣就愛上這塊土

地。是一個適合移民的國家,喜歡熱鬧方便生活的朋友,可以移居到都會區;喜歡單純恬靜生活的朋友,可以移居到非都會區,都是很好的選擇。

☞ 小常識:什麼是移民?

　　移民的定義相當廣泛,只要是人口移動或人口遷徙(migration),都可以稱作移民,而從人口移動的方式不同,又可以分為移入(immigration)或移出(emigration)。

　　國際移民組織(International Organization for Migration, IOM)認為:「一個人因為各種原因,暫時或永久的離開了他或她的居住地,不論是否在國內或是跨越了國境,就稱為移民(migration)」。

　　一般社會上對於移民的解讀,是指離開自己的國家(地區)到其他國家(地區)長時間的停留、居留、甚至是定居;而對於短期出國觀光、訪友、探親的對象,我們通常會稱之為「旅客或觀光客」,而不是移民。

　　正因為台灣擁有這麼多適合移民的條件,也吸引了不少國家(地區)的人民選擇移民來台居住,由於移民台灣的類

別和法令規定相當多，本書一開始將先介紹台灣目前較常見的移民類型，像是婚姻移民、工作移民、投資／創業移民、就學移民等，也會簡要說明各類型移民來台發展的背景及現況，希望能讓讀者對台灣現在的移民現況有初步的了解，也能更清楚自己適合或可以用何種身分及方式申請移民來台灣。

一、婚姻移民

台灣婚姻移民的發展，可溯自 1987 年台灣政府開放人民前往大陸探親，開啟了兩岸之間的民間交流，在兩岸人民往來的過程中，也自然促成兩岸通婚，產生了婚姻移民。另外台灣政府在 1994 年推動「南向政策」，鼓勵台商到東南亞投資，也促成台灣人民與東南亞國家人民通婚的機會，產生了更多的婚姻移民。

截至 2020 年 8 月份，從大陸來台的婚姻移民已經約有 35 萬多人、從港澳來台的婚姻移民約有 1 萬 8 千多人、從其他國家來台的婚姻移民約有 19 萬多人（詳如圖 1 及圖 2），如果再加上婚姻移民的二代子女，在台婚姻移民所衍生的人數已經接近百萬人，在台灣整體的人口結構中，具有相當重要的地位。

統計日期：截至 2020 年 8 月底止（單位：人）

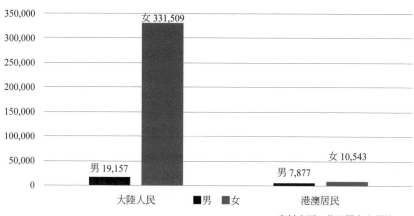

資料來源：移民署官方網站

圖 1　大陸地區人民及港澳居民婚姻移民來台人數圖

統計日期：截至 2020 年 8 月底止（單位：人）

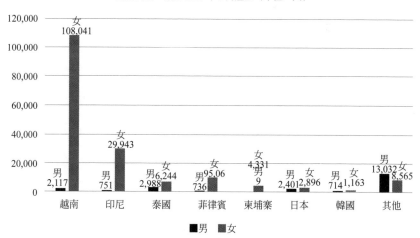

資料來源：移民署官方網站

圖 2　外國人婚姻移民來台人數圖

　　婚姻移民來台必須融入台灣的家庭，與台灣社會的連結性相當強烈，台灣政府為了照顧國人的家庭團聚權，對於申請婚姻移民來台的條件並沒有設定太高的門檻，結婚移民並不需要擁有專業技能、不必有一定的財產，也不須具有特殊的條件，只要和台灣人民辦妥合法的結婚手續，準備好相關的結婚證明文件，就可以申請婚姻移民。

　　由於婚姻移民屬於跨國（地區）的結婚行為，至少會牽涉到兩個以上不同國家（地區）的法律規定；加上台灣對於移民的法令規定，是根據身分別的不同而區分為外國人、大陸地區人民、港澳居民等類別，彼此之間所適用的法令也有所差異，致使想要移民來台灣的朋友們常常搞不清楚相關的規定，而認為申請婚姻移民來台是一件很複雜的事。因此，本書在後面的篇章將一一介紹及說明不同的身分應該如何辦理婚姻移民，以清楚了解相關的申請程序。

　　☞**小常識：哪一類的移民，適用哪一類的法令？**

　　台灣的《入出國及移民法》規定並不是依據移民的類別（如婚姻、工作、投資……）作為區分，而是依據移民的身分別（如外國人、香港人……）作為區分，不同的身分別有不同的移民類別規範，如外國人可以來台工作移民，大陸地區人民就不能來台工作移

民，致使一般人不容易理解相關的法令規定。

　　簡單來講，外國人移民來台灣，所適用的法律主要是《入出國及移民法》及相關子法；大陸地區人民移民來台灣，所適用的法律主要是《台灣地區與大陸地區人民關係條例》及相關子法；而港澳居民移民來台灣，所適用的主要法律是《港澳關係條例》及相關子法。

　　是故，本書依據身分別的不同，分別介紹外國人、大陸地區人民、港澳居民移民來台的相關規範。只是這些身分別並非單一性，而是可能同時存在或是隨時轉換，本書後面篇章，會盡量詳細說明之！

　　婚姻移民不一定需要在台灣長期居住，可以依當事人的需求，選擇短暫停留、長期居留或是定居，如果夫妻長期都在外國（地區）工作，只是偶爾回台灣看看家人，短住一陣子，就可以選擇以「停留」的方式申請來台。如果婚姻移民來台，卻不想放棄原屬國籍（戶籍），又想長期在台灣居住及生活，可以選擇在申請在台長期（永久）居留。如果想要當台灣人，領取中華民國身分證，就必須申請在台定居，取得定居權之後，才能去戶政機關辦理設籍並領取身分證。

二、工作移民

根據聯合國國際移民組織（International Organization for Migration，簡稱 IOM）的報告指出，國際移民的主要因素就是工作和經濟考量，而工作移民也是全球移民人數最多的類型。

在台灣有許多外來工作者（foreign worker），依據《就業服務法》的規定，這些外來工作者可以區分為白領工作者（white-collar worker）及藍領工作者（Blue-collar worker）。所謂的白領工作者，通常是指較少從事勞力工作的專業性人員，如公務員、教師、醫師、律師等；而藍領工作者通常是指從事體力和技術勞動的工作人員，如工廠作業員、看護員、漁工等等。

☞ 小常識：白領工作者和藍領工作者的法律規定

根據《就業服務法》第 46 條的規定，外國人在台工作的類別可以分為 11 款，而《入出國及移民法》則將這 11 款類別歸納為「第 1 款至第 7 款及第 11 款」與「第 8 款至第 10 款」等兩大類別，至於《入出國及移民法》所歸納的這兩大類別，就是一般所稱的白領工作者與藍領工作者，各款類別詳細的規定內容分類如下：

白領工作者：

一、專門性或技術性之工作。

二、華僑或外國人經政府核准投資或設立事業之主管。

三、下列學校教師：

　　（一）公立或經立案之私立大專以上校院或外國
　　　　　僑民學校之教師。

　　（二）公立或已立案之私立高級中等以下學校之
　　　　　合格外國語文課程教師。

　　（三）公立或已立案私立實驗高級中等學校雙語
　　　　　部或雙語學校之學科教師。

四、依補習及進修教育法立案之短期補習班之專任教
　　師。

五、運動教練及運動員。

六、宗教、藝術及演藝工作。

七、商船、工作船及其他經交通部特許船舶之船員。

十一、其他因工作性質特殊，國內缺乏該項人才，在
　　　業務上確有聘僱外國人從事工作之必要，經中央
　　　主管機關專案核定者。

藍領工作者：

八、海洋漁撈工作。

九、家庭幫傭及看護工作。

十、為因應國家重要建設工程或經濟社會發展需要，
　　經中央主管機關指定之工作。

　　台灣在 1980 年以後，國內的產業結構從勞力密集走向技術及資本密集，到了 1984 年實施《勞動基準法》，使得台灣的勞動力成本大幅提升，造成台灣企業人力成本的增加，而政府在企業的要求下，在 1991 年開始開放藍領工作者來台，以降低台灣企業的人力成本。

　　另一方面，因應全球化的人口移動，世界各國都競相採取優惠措施延攬國際人才及外國留學生，造成台灣人才不斷外流到其他國家（地區），台灣政府也不得不積極吸引優秀的移民來台工作，除了可以補充專業人力的缺口，也可以藉此引進新的技術和觀念，提升產業進步和轉型，圖 3 及圖 4 是目前在台灣的外國籍白領和藍領工作者人數。

統計日期：截至 2020 年 8 月底止 (單位：人)

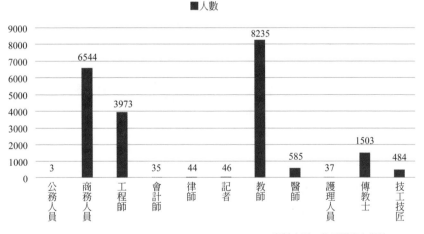

資料來源：移民署官方網站

圖 3　外國白領工作者在台人數圖

統計日期：截至 2020 年 8 月底止 (單位：人)

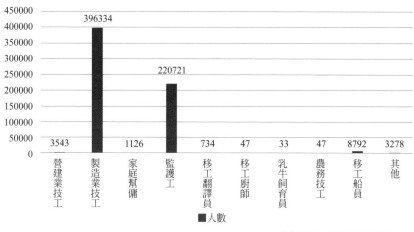

資料來源：移民署官方網站

圖 4　外國藍領工作者在台人數圖

　　除了外國的工作移民以外，香港、澳門居民若想要移民來台灣工作，也可以比照外國人依據《就業服務法》的規定辦理，此外，台灣目前並沒有開放大陸地區人民來台工作。至於外國人和港澳居民申請來台工作的重點和規定，在後面的篇章都會作詳細的介紹及說明。

三、投資／創業移民

　　外國人和港澳居民只要在台灣投資或創業，就可以申請移民來台，外國人可以依據《入出國及移民法》規定，向經

濟部投資審議委員會（以下簡稱投審會）申請在台灣投資，經審查同意且完成投資者，就可以向內政部移民署（以下簡稱移民署）申請在台永久居留。

另外港澳居民是依據《港澳居民進入台灣地區及居留定居許可辦法》規定，在台灣完成投資，也可以取得居留權。不論是外國人或是港澳居民來台投資，都要先向投審會申請審查，其審理的作業流程和作業期間，可以參考以下的流程圖（圖 5 及圖 6），且在之後的篇章會更詳細介紹及說明相關申請規定。

☞ **小常識**：外國人及港澳居民投資移民的金額

外國人要以投資移民在台取得永久居留，必須符合以下的資格：

1. 投資金額新台幣 1,500 萬元以上之營利事業，並創造 5 人以上之台灣人就業機會滿 3 年。

2. 投資中央政府公債面額新台幣 3,000 萬元以上滿 3 年。

而港澳居民要投資移民，必須在台灣地區有新台幣 600 萬元以上之投資，經中央目的事業主管機關審查通過。

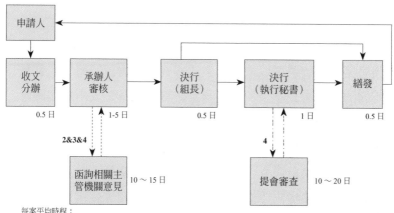

每案平均時程：
1. 申報案件，投（增）資金額未逾 2,000 萬美元者：2～4 日
2. 申報案件，投（增）資金額逾 2,000 萬美元以上者：7～20 日
3. 申報案件，投（增）資金額未逾新台幣 15 億元者：7～20 日
4. 申報案件，投（增）資金額逾新台幣 15 億元，或異常案件者：30～40 日或以上

承辦單位：第 2 組

資料來源：經濟部投審會官方網站

圖 5　申請對國外從事投資案件審理作業流程圖

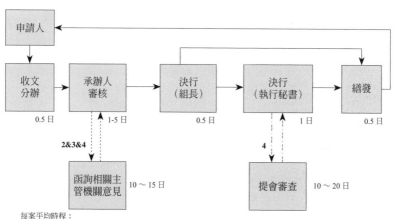

每案平均時程：
1. 申報案件，投（增）資金額未逾 2,000 萬美元者：2～4 日
2. 申報案件，投（增）資金額逾 2,000 萬美元者：7～20 日
3. 申報案件，投（增）資金額未逾 5,000 萬美元者：7～20 日
4. 申報案件，投（增）資金額 5,000 萬美元以上，或異常案件者：30～40 日或以上

承辦單位：第 2 組

資料來源：經濟部投審會官方網站

圖 6　申請對港澳從事投資案件審理作業流程

　　另外，如果沒有足夠的資金可以來台投資，外國人及港澳居民也可以選擇以來台創業的方式申請居留簽證，也就是所謂的「創業家簽證」。創業家簽證可分為個人申請和團隊申請，基本上創業家簽證是適合初創企業（Start-up）申請，如果要以團隊方式申請創業家簽證，團隊成員必須 3 人以上，又可分為已設立公司及未設立公司的條件，並且要先向經濟部投審會提出申請，經審核通過，外國人就可以向外交部領事事務局（以下簡稱領務局）申請居留簽證，而港澳居民則要到台北駐港澳的辦事處申請入台許可。

　　特別提醒的是，以創業家簽證來台灣以後，必須確保公司能繼續營運，才能獲得居留。

表 1　外國人及港澳居民申請創業家簽證資格一覽表

申請類別	資格條件
個人	1. 獲得國內外創業投資事業投資、獲得行政院國家發展基金創業天使投資方案投資，或於政府認定之國內、國外或國際新創募資平台投（籌）資新台幣 200 萬元以上。 2. 於 1 年內曾經進駐或現已進駐中央或地方政府核定之國際創新創業園區及計畫；中央或地方政府核定、直營、認定或經濟部近 5 年評鑑優良或認可之創育機構。 3. 取得國外發明專利權、國內發明或設計專利權，或事實足認具專業技能。

申請類別	資格條件
	4. 參加國內外具代表性之創業、設計競賽獲獎，或申請政府鼓勵外國創業家來台專案計畫通過。 5. 申請事業或其負責人曾於國內、外具重要性之影展入圍或獲獎。 6. 獲中央政府核予創新相關補助金額新台幣 200 萬元以上，或地方政府核予創新相關補助金額新台幣 100 萬元以上。 7. 其他經中央目的事業主管機關認定或推薦具創新能力。 8. 已在台設立符合具創新能力之新創事業認定原則之事業，擔任該事業負責人、經理人或主管等職務，並投資新台幣 100 萬元以上。
團體	1. 在台尚未設立之事業，應符合個人類別的第 1 項至第 7 項條件之一。 2. 已在台設立符合具創新能力之新創事業認定原則之事業，該團隊成員須擔任該事業之負責人、經理人或主管等職務，且合計投資金額達新台幣 100 萬元以上。

四、就學移民

就學移民是指來台灣讀書的外國學生、僑生及港澳學生，在台灣就學畢業後，可以申請留在台灣繼續工作，取得居留權。本書所介紹的就學移民是指就讀專科或大學以上學校的學生；另外，大陸地區人民來台讀書畢業後，不能繼續留在台灣工作，此點必須特別注意。

☞ 小常識：如何分辨外國學生、僑生和港澳學生

這 3 種不同身分的學生來台灣讀書，是分別依據《外國學生來臺就學辦法》、《僑生回國就學及輔導辦法》及《港澳居民來臺就學辦法》規定辦理。

外國學生：

指具外國國籍且未曾具有中華民國國籍的學生，在申請就學時，不具僑生資格就屬於外國學生。但是外國人如為以下 2 種情形，只要在外國連續居留 6 年以上，仍然可以用外國學生的身分申請來台讀書：

（一）具有中華民國國籍，未設戶籍。

（二）曾有中華民國國籍，在申請就學時即已喪失中華民國國籍達 8 年以上。

僑生：

指在海外出生後，連續居留至今，或是最近連續居留海外 6 年以上，並取得僑居地永久或長期居留證件而回台灣讀書的華裔學生。然而，如果僑生是要來台就讀大學醫學、牙醫及中醫學系，那麼在海外連續居留的年限須達 8 年以上，才符合僑生的資格。僑生申請來台讀書，必須先經過僑務委員會認定僑生的身分，確認符合僑生資格才能申請。

港澳學生：

是指取得港澳永久居留資格證件，且最近連續居

留境外 6 年以上的港澳居民，即可以港澳學生的身分申請來台讀書。但是如果申請就讀大學醫學、牙醫及中醫學系者，最近連續居留境外的年限須達到 8 年以上。

來台讀書的外國學生、僑生及港澳學生，在就學的期間，可以依據《就業服務法》及《雇主聘僱外國人許可及管理辦法》等規定，每周最長工作 20 個小時；畢業以後，外國學生和僑生在台灣可以有 1 年的覓職期，但是要先向移民署申請居留延期，避免違法逾期，即可留在台灣繼續找工作，所找的工作內容只能是《就業服務法》規定的白領工作者。

此外，也可以依據「僑外生（含港澳生）留臺工作評點新制」規定，以個人的學歷、經歷、薪資水準、特殊專長、語言能力、成長經驗及配合政府產業發展政策等 8 項目，由台灣政府單位進行評點，各個項目的評點點數累計超過 70 點，就可以留在台灣工作。

至於港澳學生來台讀書畢業後，只要還在合法居留效期內，找到白領階級的工作，而且最近 1 年在台灣地區平均每月收入超過勞動部公告基本工資的 2 倍，或者比照「僑外生（含港澳生）留臺工作評點新制」規定接受評點合格，就可以申請在台居留；而且只要在台灣居留滿 5 年，每年在居住超過 183 天，就可以申請定居，取得中華民國身分證了。

表 2　僑外生（含港澳生）留台工作評點新制表

評點項目	內容及等級	點數
學歷	博士學位	30
	碩士學位	20
	學士學位	10
聘僱薪資	每月平均新台幣 4 萬 7,971 元以上	40
	每月平均新台幣 4 萬元以上未達 4 萬 7,971 元	30
	每月平均新台幣 3 萬 5 千元以上未達 4 萬元	20
	每月平均新台幣 3 萬 1,520 元以上未達 3 萬 5 千元	10
工作經驗	2 年以上	20
	1 年以上未達 2 年	10
擔任職務資格	具有企業所需該職務特殊專長能力者	20
華語語文能力	經華語文能力檢定達「流利」等級以上	30
	經華語文能力檢定達「高階」等級	25
	經華語文能力檢定達「進階」等級	20
他國語文能力	具有華語以外 2 項以上他國語文能力	20
	具有華語以外 1 項他國語文能力	10
他國成長經驗	具有於他國連續居留 6 年以上之成長經驗	10
配合政府政策	配合政府產業發展相關政策之企業受僱者	20

☞ **小常識：外國人在台工作服務網 EZ work Taiwan**

　　外國人（包含外國學生、僑生及港澳生）在台灣工作的相關規定，是屬於勞動部負責，為了提供更多的資訊，勞動部建置了「外國人在台工作服務網 EZ work Taiwan」（https：//ezworktaiwan.wda.gov.tw/），網站內容分為「一般外國專業人士在台工作」、「外國專業人才延攬」、「畢業僑外生留台工作」、「僑外生在台求學期間工讀」等專區，提供相當多的資訊，是個相當不錯的網站。

第 2 章 認識台灣辦理移民的相關政府單位

一、外交部領事事務局

（一）主要業務工作：

領務局負責的業務工作相當多，包括核發中華民國護照、核發外國護照簽證、文件證明，或是提供出國旅遊參考資訊及旅外國人急難救助服務等，與國境安全、國際經貿交流、入出國、外僑、外籍移工、衛生防疫、役政、戶政及僑務等業務都有相當密切的關係。

表 3　領事事務局服務單位及業務簡介一覽表

單位		服務內容
局本部	護照行政組	台灣人的護照行政相關業務
	簽證組	外國護照簽證之各項業務
	文件證明組	1. 文件證明業務 2. 旅外台灣人急難救助之規劃
	護照製發服務組	台灣人護照的申請、核發及各項加簽業務

單位	服務內容
台灣桃園國際機場辦事處（外交部緊急聯絡中心）	外籍人士落地簽證業務與旅外台灣人急難救助通報及聯繫
外交部中部辦事處	提供護照、簽證、文件證明等領務服務及協助公眾外交
外交部雲嘉南辦事處	
外交部南部辦事處	
外交部東部辦事處	

資料來源：外交部領事事務組 2019 年為民服務白皮書

（二）國內、外核發簽證服務據點：

在領務局的業務中，與移民來台最有關係的部分，就是外國護照簽證的核發工作。外國人來台灣之前，必須先在原屬國向台灣的駐外館處申請簽證，若以免簽方式來台，在台灣期間符合延期停留的規定，就要在台灣境內的領事局各辦事處申請延期停留及核發簽證，本書整理領務局在國內的各辦事處及聯絡資訊於表 4。

另外，由於台灣並未在全球每一個國家都設有駐外館處，因此有駐外館處之國家（地區），就要負責辦理鄰近無駐外館處國家（地區）的相關領務工作，也就是所謂的「領務轄區」。目前領務局在亞太、亞西、非洲、歐洲、北美、拉丁美洲暨加勒比海等地區，總共設置了上百處的駐外館處，每個駐外館處都有所轄的領務區域，本書一併將駐外館處聯絡方式及領務轄區整理成表（詳如附錄一），讀者可依需要自行參閱，或是參考外交部領事事務局的網站，也能找到更詳細的資訊。

表 4　領務局國內各辦事處聯絡及服務資訊一覽表

據點	地址	聯絡電話	服務時間	服務信箱
領事事務局	台北市中正區濟南路 1 段 2 之 2 號 3~5 樓	總機：02-2343-2888 簽證查詢專線：02-2343-2921、2343-2895、2343-2850、2343-2876 傳真：02-2343-2968	周一至周五 08：30~17：00 / 中午不休息	post@boca.gov.tw
外交部中部辦事處	台中市南屯區黎明路 2 段 503 號 1 樓	總機：04-2251-0799 傳真：04-2251-0700	周一至周五 08：30~17：00 / 中午不休息	taichung@boca.gov.tw
外交部雲嘉南辦事處	嘉義市東區吳鳳北路 184 號 2 樓之 1	總機：05-2251567 傳真：05-2255199	周一至周五 08：30~12：30 13：30~17：00 / 中午不受理簽證	yct@boca.gov.tw
外交部南部辦事處	高雄市苓雅區政南街 6 號 3~4 樓	總機：07-715-6600 傳真：07-715-1001	周一至周五 08：30~17：00 / 中午不休息	bocakhh@boca.gov.tw
外交部東部辦事處	花蓮縣花蓮市中山路 371 號 6 樓	總機：03-833-1041 傳真：03-833-0970	周一至周五 08：30~17：00 / 中午不休息	hun@boca.gov.tw
桃園機場辦事處	桃園市大園區航站南路 9 號（位於管制區內）	03-398-2629（一期航廈）03-398-5805（二期航廈）	24 小時全年無休	cksboca@boca.gov.tw

☞小常識：駐外館處資料哪裡找？

　　本書雖然已經整理所有駐外館處的聯絡方式及領務轄區，然而駐外館處相關申請案件的資訊非常多，讀者如果需要更進一步的駐外館處資訊，可隨時到領務局的官方網站的【國外申辦地點】（https：//www.boca.gov.tw/np-221-1.html），自行查詢所需資料。

二、內政部移民署

（一）主要業務工作：

　　移民署的主要工作是負責外來人口移入台灣及國境人流安全管理，所有的移民來台都與移民署有直接的業務關係，除了在機場、港口入出國（境）時，需要接受查驗外，來台以後辦理停留延期、居留、長期（永久）居留或定居，都需向各移民署服務站提出申請。

　　另外，不同於外國人的簽證是由領務局核發，大陸地區人民與港澳居民來台並不是向領務局申請簽證，而是向移民署申請入出境許可證。因此，計畫移民來台灣者，若能初步了解移民署的相關業務工作，對申請來台也會有所幫助。本書將移民署較為重要的單位以及與移民有關的業務，摘錄整理成表 5。

表5　移民署所屬單位其與移民來台有關之重要業務工作一覽表

單位名稱	重要業務摘錄	補充說明
入出國事務組	1. 入出國政策與制度之規劃、推動及督導。 2. 入出國相關法規制（訂）定、修正、解釋之研擬及執行。 3. 大陸地區人民、港澳居民、台灣地區無戶籍國民與外國人入國（境）停留之規劃及聯繫。 4. 入出國管制之規劃及執行。 5. 大陸地區人民以專業、商務事由入境許可之審理。	入出國事務組是負責《入出國及移民法》修訂的主責機關，同時也負責外來人口在台停留的相關法令規定和管制的執行，以及負責審理大陸地區人民以專業、商務事由入境的申請案。
移民事務組	1. 移民政策之規劃及推動。 2. 移民政策相關法規制（訂）定、修正、解釋之研擬及執行。 3. 移民輔導、服務之規劃及督導；移民人權保障之規劃、協調及執行。 4. 外籍與大陸配偶家庭服務之規劃、協調及督導。 5. 大陸地區人民、港澳居民、台灣地區無戶籍國民與外國人居留、永久居留或定居之規劃及協調。 6. 移民業務機構許可、管理之規劃、協調、督導及移民專業人員之訓練。 7. 大陸地區人民定居、專案許可長期居留、港澳居民與台灣地區無戶籍國民定居及外國人永久居留之許可。	舉凡外來人口來台居留、定居的政策規劃、法令修訂，都是移民事務組的業務工作；同時移民事務組也擔任移民輔導工作，負責照顧在台生活的移民；此外，也負責審理部分長期（永久）居留及定居案件。
國際及執法事務組	1. 與各國入出國及移民業務之合作聯繫。 2. 派駐境外業務之規劃及督導。 3. 外來人口面談、訪查與查察、收容、強制出國（境）及驅逐出國（境）之規劃、督導。	移民署在海外共有28個城市派駐移民祕書，這些駐外的業務就是由國際及執法事務組負責。另外，外來人口入境後的面談或是一些違法的查處工作及後續的處理，也是該組的工作。

單位名稱	重要業務摘錄	補充說明
北區、中區、南區事務大隊	1. 台灣地區人民入出國（境）及進入大陸地區許可之審理。 2. 台灣地區無戶籍國民之入出國（境）、停留或居留許可之審理。 3. 大陸地區人民、港澳居民之入出境、停留或居留許可之審理。 4. 外國人之停留延期、居留或重入國許可之審理。 5. 大陸地區人民定居、專案許可長期居留、港澳居民與台灣地區無戶籍國民定居及外國人永久居留之審理。 6. 移民輔導之執行。 7. 移民業務機構管理、聯繫、查核、督考及違法經營查處；跨國（境）婚姻媒合業務檢查及違法媒合案件查處等事項之執行。 8. 外來人口訪查與查察勤務之協調、聯繫及執行。 9. 國境內面談、違反入出國及移民相關法規之調查、逮捕、收容、移送、兩岸共同打擊犯罪、強制出國（境）及驅逐出國（境）勤務之督導、執行。 10. 其他有關入出國（境）與移民服務、訪查、查察及收容勤務事項。	北、中、南三區事務大隊於各直轄市、縣（市）設有服務站、專勤隊，負責受理外來人口各類申請案件及查處外來人口非法案件。另外也在宜蘭縣、新北市、南投縣和高雄市設有大型收容所，負責收容等待驅逐出國或強制出境的外來人口。
國境事務大隊	1. 入出國（境）證照之查驗、鑑識及許可。 2. 國境線入出國安全管制及面談之執行。 3. 國境線證照之核發及生物特徵資料之建檔。 4. 國境線違反入出國及移民相關法規之調查、過境監護、逮捕、暫予收容、移送及遣送戒護。	只要有國際港口和機場的地方，就必須有國境事務大隊負責入出國（境）查驗工作，並且執行在國境上相關的違法查處工作。

資料來源：摘錄自《內政部移民署處務規程》，並經作者整理製表

（二）移民署各服務站據點

表 6　移民署各服務站聯繫資訊一覽表

單位名稱	地址	總機電話	傳真電話
移民署本部 / 台北市服務站	台北市中正區廣州街 15號	02-2388-5185	02-2331-0594
新北市服務站	新北市中和區民安街 135號 1 樓	02-8228-2090	02-8228-2687
基隆市服務站	基隆市義一路 18 號 11 樓	02-2427-6374	02-2428-5251
桃園市服務站	桃園市桃園區縣府路 106號 1 樓	03-331-0409	03-331-4811
新竹市服務站	新竹市北區中華路三段 12 號 1 樓	03-524-3517	03-524-5109
新竹縣服務站	新竹縣竹北市三民路 133號 1 樓	03-551-9905	03-551-9452
苗栗縣服務站	苗栗市中正路 1291 巷 8號	037-322-350	037-321-093
台中市第一服務站	地址：台中市南屯區文心南三路 22 號 1 樓	04-2472-5103	04-2472-5017
台中市第二服務站	台中市豐原區中山路 280號	04-2526-9777	04-2526-8551
彰化縣服務站	彰化市中山路三段 2 號 1樓	04-727-0001	04-727-0702
南投縣服務站	南投縣南投市文昌街 87號 1 樓	049-220-0065	049-224-7874
雲林縣服務站	雲林縣斗六市府前街 38號 1 樓	05-534-5971	05-534-6142
嘉義市服務站	嘉義市東區吳鳳北路 184號 2 樓	05-216-6100	05-216-6106

單位名稱	地址	總機電話	傳真電話
嘉義縣服務站	嘉義縣朴子市祥和二路西段 6 號 1 樓	05-362-3763	05-362-1731
台南市第一服務站	台南市府前路二段 370 號	06-293-7641	06-293-5775
台南市第二服務站	台南市善化區中山路 353 號 1 樓	06-581-7404	06-581-8924
高雄市第一服務站	高雄市苓雅區政南街 6 號 5、6 樓	07-715-1660	07-715-1306
高雄市第二服務站	高雄市岡山區岡山路 115 號	07-621-2143	07-623-6334
屏東縣服務站	屏東市中山路 60 號 1 樓	08-766-1885	08-766-2778
宜蘭縣服務站	宜蘭縣羅東鎮純精路三段 160 巷 16 號 4 樓	03-957-5448	03-957-4949
花蓮縣服務站	花蓮縣花蓮市中山路 371 號 5 樓	03-8329-700	03-8339-100
台東縣服務站	台東縣台東市長沙街 59 號	089-361-631	089-347-103
金門縣服務站	金門縣金城鎮西海路一段 5 號 2 樓	082-323-695	082-323-641
連江縣服務站	連江縣南竿鄉福沃村 135-6 號 2 樓	0836-23736	0836-23740
澎湖縣服務站	澎湖縣馬公市新生路 177 號 1 樓	06-926-4545	06-926-9469

資料來源：移民署官方網站，作者整理製表

（三）移民署各機場、港口據點

表7　移民署各國境隊聯絡資訊一覽表

單位名稱	地址	總機電話
桃園機場國境事務大隊	桃園市大園區航站南路 9 號	03-398-5010
松山機場國境事務隊	台北市敦化北路 340-9 號	02-25474161
台中機場分隊	台中市沙鹿區中航路 1 段 168 號 4 樓	04-2615-5028
高雄機場國境事務隊	高雄市小港區中山 4 路 2 號	07-801-7311
馬公機場	澎湖縣湖西鄉隘門村 126 之 5 號	06-922-8710
台北港分隊	新北市八里區商港路 123 號	02-86304169
基隆港國境事務隊	基隆市港西街 6 號	02-2427-3005
台中港國境事務隊	台中市沙鹿區中航路 1 段 168 號	04-2615-5028
高雄港國境事務隊	高雄市苓雅區海邊路 33 號	07-269-2831
蘇澳港	宜蘭縣蘇澳鎮港區 1 號	03-996-7021
馬祖南竿福澳港	連江縣南竿鄉福沃村 135 號 2 樓	0836-23671
金門國境事務隊	金門縣金城鎮西海路一段 5 號 1 樓	082-312131
麥寮分隊	雲林縣麥寮鄉六輕工業區 1 號 6 樓	05-681-2751
台中港分隊	台中市梧棲區台灣大道十段 2 號	04-26564424
花蓮港分隊	花蓮縣花蓮市港口路 1-3 號	03-822-3951

資料來源：移民署官方網站，作者整理製表

三、大陸委員會

（一）主要業務工作

　　大陸委員會（下稱陸委會）主要統掌兩岸的文教、經貿、法政等政策、交流及協商業務的統合規劃、審議及協調，另外也負責香港與澳門政策、法規、交流及協商等業務之統合規劃、審議及協調。簡言之，大陸地區人民和港澳居民來台的相關政策，都必須經過陸委會的決策才能執行。

　　只是台灣和大陸之間的政治關係特殊，官方和官方不能直接的往來，因此都透過民間團體來擔任兩岸之間的溝通橋樑，這些民間團體在兩岸之間的業務往來扮演著很重要的角色，本書介紹數個在台灣對陸工作較為重要的民間團體，供讀者參考。

☞ **小常識：如何聯繫陸委會**

　　陸委會的聯絡方式如下，想了解更多資訊，亦可參考陸委會的官方網站。

　　地址：10051 台北市濟南路 1 段 2 之 2 號 15 樓

　　電話：02-23975589

　　網址：https：//www.mac.gov.tw

（二）財團法人海峽交流基金會

　　財團法人海峽交流基金會通稱為海基會，在性質上屬於民間團體，其業務執行則是受政府委託處理兩岸往來涉及公權力之協商、交流與服務等各項工作。陸委會對於海基會有，依據《臺灣地區與大陸地區人民關係條例》（以下簡稱兩岸條例）的規定，負有監督的關係，也有委託的關係。海基會的主要工作在於辦理兩岸文書驗證，以及各項交流及互助事項的協調、聯繫及處理。海基會與大陸的海峽兩岸關係協會（海協會）是兩岸彼此的工作對口，通稱為「大兩會」，若要辦理兩岸之間的文書驗證，可以到以下海基會的法律服務中心辦理。

表 8　海基會法律服務處聯絡資訊一覽表

單位名稱	地址	總機電話	櫃檯服務時間
聯合服務中心	台北市中山區北安路 536 號	02-2533-5995	9：00-17：00 / 例假日休息
中區服務處	台中市南屯區干城街 95 號自強樓 1 樓	04-2254-8108	8：30-17：00 / 例假日休息
南區服務處	高雄市苓雅區政南街 6 號 6 樓	07-213-5245	8：30-17：00 / 例假日休息

（三）財團法人台灣海峽兩岸觀光旅遊協會

　　財團法人台灣海峽兩岸觀光旅遊協會通稱台旅會，主要的工作在和大陸之間針對觀光旅遊的業務，進行溝通聯繫及

協助安排協商等工作，由交通部觀光局、中華民國旅行商業同業公會全國聯合會、財團法人台灣觀光協會、中華民國旅行業品質保障協會、台北市觀光旅館商業同業公會、台北市航空運輸商業同業公會共同設立，協會董事長由交通部觀光局局長擔任。

台旅會在北京、上海、福州都設有辦事處，其與大陸海峽兩岸旅遊交流協會（海旅會）通稱為「旅遊小兩會」，兩岸人民有關旅遊所衍生的相關事項，多透過旅遊小兩會處理。

表 9　台旅會國內外服務處聯絡資訊一覽表

單位名稱	地址	總機電話
台旅會	台北市忠孝東路 4 段 290 號 6 樓	0800-811885
北京辦事處	北京市朝陽區建國門外大街乙 12 號雙子座大廈西塔 29 層	（010）65664100
上海辦事分處	上海市黃浦區西藏中路 168 號都市總部大樓 10 層 02 室	（021）63510909
上海辦事分處福州辦公室	福州市鼓樓區五四路 82 號融都國際大廈 18 層 06 單元	（0591）63335018

（四）臺港服務交流辦公室

2020 年因應香港的情勢變化，台灣發起對香港人民的援助行動，也是由大陸委員會委託財團法人臺港經濟文化合作

策進會，成立「臺港服務交流辦公室」，提供香港居民「就學就業專案諮詢」、「投資創業專案諮詢」及「移民定居專案諮詢」，同時成立專案管理小組，協助香港人民在台投資、創業、專才、就業、就學，讀者可多加利用官方服務，來獲取更多移民資訊。

> ☞ **小常識：臺港服務交流辦公室聯絡方式**
>
> 臺港服務交流辦公室的聯絡方式如下：
>
> 電話：（02）2700-3199、（02）2397-1088
>
> 電子信箱：careyou@thec.org.tw
>
> 傳真：（02）2700-3200
>
> 地址：台北市大安區信義路三段 147 巷 17 弄 2 號 3 樓

四、經濟部投資審議委員會

通稱投審會，負責對內及對外的所有投資案件審理，對內的部分包含「僑外來臺投資」、「國外（含港澳地區）投資」、「創業家簽證投資」、「陸資來臺投資」、「對中國大陸投資」等，主要分設四組辦理，其掌理事項及聯絡方式如表 10。

表 10　投審會業務單位分工及聯絡資訊一覽表

單位名稱	掌理事項	聯絡電話	傳真電話
第一組	1. 華僑投資申請案件之審核。 2. 外國人投資申請案件之審核。 3. 大陸地區產業技術引進許可申請案件之審核。 4. 大陸地區人民來台投資申請案件之審核。	（02） 3343-5763	（02） 2396-3970
第二組	1. 對大陸地區投資申請案件之審核。 2. 對大陸地區技術合作申請案件之審核。 3. 對港澳地區投資申請案件之審核。 4. 對港澳地區技術合作申請案件之審核。 5. 國外投資申報案件。	（02） 3343-5764	（02） 2396-4748
第三組	1. 大陸地區人民來台從事經貿專業活動申請案件之審核。 2. 大陸地區人民來台從事商務活動申請案件之審核。 3. 科技產業及研發機構申請外國籍學生來中華民國實習申請案件審核。 4. 創業家簽證申請案件審核。 5. 外國投資人或外國法人投資人之代表人申辦居留簽證申請案件審核。 6. 外籍商務人士快速查驗通關申請案件審核。 7. 在大陸地區設立辦事處申請案件之審核。	（02） 3343-5765	（02） 2357-7480
第四組	1. 投資、技術合作及相關業務法令之研擬。 2. 投資案件之追蹤、考核與統計分析。 3. 投資事業營運狀況之調查及分析。 4. 投資、技術合作資料之建立登記及保管。	（02） 3343-5737	（02） 2396-4207

資料來源：投審會官方網站，作者整理製表

五、勞動部勞動力發展署

　　勞動部勞動力發展署通稱為勞發署，主要工作在於協助國人就業及穩定國內就業市場，並且提供各種職業訓練課程，以落實保障國人的就業權益，以及有效運用外國勞動力。因此，在工作移民的部分，無論是白領階級或藍領階級的外國人來台就業，都要由台灣雇主依規定向勞發署提出申請。

　　就台灣的勞動政策方向而言，基於吸引優秀外籍人才來台，台灣政府對於白領外籍工作者來台就業採取較開放的態度；至於藍領外籍工作者的部分，則是採取補充性、限業限量開放的原則，以維護國內整體的就業市場平衡。勞發署及各分署聯絡方式如表 11 所示。

表 11　勞發署暨所屬單位聯絡資訊及服務時間一覽表

單位名稱	地址	聯絡電話	備註
勞動力發展署	新北市新莊區中平路 439 號南棟 4 樓	電話代表號：（02）8995-6000 傳真機號碼：（02）8995-6245	服務時間：【周一至周五】上午：8 時 30 分至 12 時 30 分 下午：1 時 30 分至 5 時 30 分

單位名稱	地址	聯絡電話	備註
直接聘僱聯合服務中心	台北市中正區中華路一段 39 號 10 樓	電話代表號：（02）6613-0811 傳真機號碼：（02）6617-1319	申請外國人來台工作業務服務時間：【周一至周五】上午 8 時 30 分至下午 5 時 30 分（受理親自送件）
北基宜花金馬分署	新北市新莊區中平路 439 號南棟 3 樓（新莊副都心南棟）	電話：（02）8995-6399 傳真：（02）8995-6398	
桃竹苗分署	桃園市楊梅區秀才路 851 號	電話：（03）4855368 傳真：（03）4881210	服務時間：【周一至周五】上午：8 時 30 分至 12 時 30 分 下午：1 時 30 分 至 5 時 30 分
中彰投分署	台中市西屯區工業區一路 100 號	電話：（04）23592181 免付費電話：0800-777888	服務時間：【周一至周五】上午：8 時 30 分至 12 時 30 分 下午：1 時 30 分 至 5 時 30 分

單位名稱	地址	聯絡電話	備註
雲嘉南分署	台南市官田區官田工業區工業路 40 號	電話： （06）6985945～50 傳真： （06）6990545	
高屏澎東分署	高雄市前鎮區凱旋四路 105 號	電話： 07-8210171 0911-341001 傳真：07-8210170	服務時間： 【周一至周五】 上午： 8 時 30 分至 12 時 30 分 下午： 1 時 30 分至 5 時 30 分

資料來源：勞發署官方網站，作者整理製表

第二篇

外國人如何申請來台

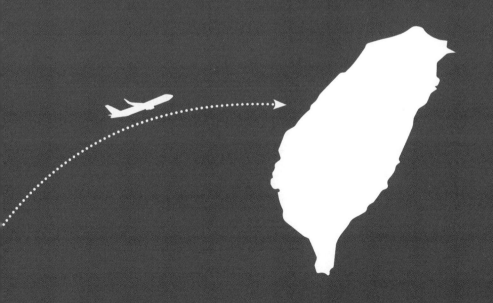

第 3 章　外國人想來台灣嗎？從申請簽證開始！

一、認識簽證制度

　　人們如果想要到其他國家旅遊、讀書或工作，一定要先申請入境國的簽證，是一個國家允許外國人合法進出國境的重要文件。透過簽證的申請，入境國的政府可以查核申請人的護照之真實性及有效性，也會在簽證上註記預定入境的一些訊息。

☞ 小常識：

　　簽證（Visa）一詞是來自拉丁文「Carta Visa」的縮寫，意思是指一項文件，而這項文件是由國家政府核發給「外國」的特定申請人，讓外國人能以簽證進入核發國進行停留或居留。簽證通常是由核發國家派駐在「國外」的使領館或辦事處負責審核，也可以被看成一個國家對於外國人申請入境之「文件已核閱」所核發的「介紹信」。

　　通常簽證是由國家的領務機關負責審查核發，作為國家同意外國人入境的許可。外國人來台灣，同樣也必須先向台灣駐外國的使領館或辦事處申請簽證。

　　另一方面，簽證也是國家維護本國主權、尊嚴、安全和利益而採取的一項國境管理的重要手段，國家可以決定是否發給任何一位外國人簽證，這是屬於國家主權的行使，如同我們不讓陌生人進入自己家裡一樣，是不需要理由的。

> ☞**小常識：拿到台灣核發的簽證，就一定可以進入台灣嗎？**
>
> 　　拿到一個國家核發的簽證後，並無法保證絕對可以進入該國，因為地主國及邊境的執法者仍保有最終審核進出該國國門之權力，也可視為是管理邊境領域的一種象徵。
>
> 　　由此可知，國家實施簽證制度主要是希望維持對外國人入出境的管制，某種程度是篩選合法的旅客，以防止遊客成為非法移民之可能。此外，政府還可因收取簽證規費而增加大筆外匯收入，這也是世界各國普遍相互實行簽證制度的主因之一。

通常國家發給外國人簽證時，也會考慮到國際間平等互惠的待遇，一般而言，各國彼此之間都會發給其他國家的國民簽證，一旦有一個國家不發給其他國家的國民簽證，那麼其他國家也可以不發給該國的國民簽證。

二、台灣核發的簽證種類

本書第一篇初步介紹，台灣是由領務局負責核發外國人的簽證，而簽證種類可依申請人的目的及身分來區分，計有外交簽證、禮遇簽證、停留簽證和居留簽證等 4 種，讀者可以透過表 12 概略了解各類簽證的簡要說明，一般外國人入境申請的簽證類型多為「停留簽證」與「居留簽證」。

表 12　台灣核發簽證種類表

簽證類型	簡要說明
停留簽證 （VISITOR VISA）	1. 屬於短期簽證，適用於持普通護照或其他旅行證件，因過境、觀光、探親、訪問、考察、參加國際會議、商務、研習、聘僱、傳教弘法及其他經外交部核准之活動，而計畫在台灣境內作 6 個月以下停留之外籍人士，停留期間一般有 14 天、30 天、60 天、90 天。 2. 停留期限為 60 天或 90 天且無「不得延期」字樣註記者，若有延長在台灣停留期限的需要，須於停留期限屆滿前，檢具有關文件向停留地之移民署服務站申請延期。

簽證類型	簡要說明
居留簽證 （RESIDENT VISA）	1. 屬於長期簽證，適用於持正式護照因依親、就學、應聘、受僱、投資、傳教弘法、執行公務、國際交流及外交部核准或其他相關中央目的事業主管機關許可之活動，而計畫在台灣境內作 6 個月以上居留之外籍人士。 2. 一般居留簽證效為 3 個月，持居留簽證來台者，須於入境次日起 15 天內向居留地之移民署服務站申請外僑居留證及重入國許可（Re-entry Permit），居留效期則依所持外僑居留證所載期限。
外交簽證 （IPLOMATIC VISA）	也稱為公務簽證（Official Visa），主要是提供給持外交護照或元首通行狀的以下對象使用： 1. 外國元首、副元首、總理、副總理、外交部長及其眷屬。 2. 外國政府派駐台灣之人員及其眷屬、隨從。 3. 外國政府派遣來台灣執行短期外交任務之官員及其眷屬。 4. 政府間國際組織之外國籍行政首長、副首長等高級職員因公來台灣者及其眷屬。 5. 外國政府所派之外交信差。
禮遇簽證 （COURTESY VISA）	適用的對象如下： 1. 外國卸任元首、副元首、總理、副總理、外交部長及其眷屬。 2. 外國政府派遣來台灣執行公務之人員及其眷屬、隨從。 3. 其他外國籍職員因公來台灣者及其眷屬。 4. 政府間國際組織之外國籍職員應台灣政府邀請來訪者及其眷屬。 5. 應政府邀請或對台灣有貢獻之外國人士及其眷屬。

資料來源：作者整理製表

三、「免簽證」和「落地簽證」

簽證通常是基於國際間的平等互惠原則，相互給予對方國家的國民互通往來的便利，但有時國家基於本身利益考量，也會片面給予特定國家的國民簽證優遇或設限，例如為發展觀光事業、爭取國際觀光客來訪等目的，就會對某些特定國家人民，發給「多年多次」簽證、「落地簽證」或「免簽證」，或者給予一些簽證手續的方便。

另一方面，對某些不友好國家人民的簽證，則採取比較嚴格的管制，附加許多發證的條件，或設置層層障礙，甚至拒發簽證或不予受理。因此，在國際間的人流往來不難發現，同一個人可能因持不同國家的護照，而會受到全然不同待遇。

（一）什麼是「免簽證」

有關免簽證的考量上，往往是出於發展旅遊業、促進國際交流等目的，各國政府會允許對來自特定國家的公民無需辦理簽證，即可入國停留一定的期間；也就是當事人可以用任何理由直接入國短期停留，不需要填寫特定的簽證申請表單與繳交簽證費用，當然對於免簽入境的外國人，國家仍然可以透過入出境管理手段實施檢查，決定是否允許其入境。

（二）落地簽證的概念

　　落地簽證也稱為「口岸簽證」，是指申請人無需在出發前獲得目的國的簽證，雖然此方式類似於免簽證，但因為並非真正的免簽證，在入境的程序上仍然較為嚴苛，在抵達目的國機場或港口時，需向入出境管理機關填寫資料申請簽證並接受審查；此外，落地簽證通常需要旅客付費，並在指定的入境機場或港口辦理。

　　相對於到各國的駐外機構辦理簽證，辦理落地簽證所需的時間較短且通過率較高，特別是團體旅遊入境的時候較為容易獲得。此外，落地簽證通常是一國政府單方面實施的，在辦理時一般需要申請人提供有效護照、證件照、簽證申請表、住宿證明、離境機票以及財力證明等充分的資料，有時還會對申請人提出特別要求（例如持有邀請函或證照等）。

四、台灣簽證的申請規定

　　接下來將進一步介紹台灣簽證的一些重點，以及如何來台灣申請免簽證、落地簽證、停留簽證、居留簽證，並提供有關各式簽證的申請方式、應備文件等注意事項，有助於大家更加了解台灣的簽證措施，也讓讀者了解哪些人適合申請哪種簽證入境。另外，因應外交簽證與禮遇簽證，都是具備一定條件的對象，由台灣外交部專案審理核發，一般人無法申請，因此本書未針對此部分作進一步的詳細介紹。

（一）如何免簽證來台

　　根據外交部公布的資料，目前共有 66 個國家的旅客可以適用免簽證來台灣，停留期限分為 14 天、21 天、30 天或 90 天，並自入境翌日起算，最遲須於期滿當日離境，另外需特別注意的是，免簽證來台期滿後，不可以辦理延期，並且不能改換其他種類的停留簽證或居留簽證。本書將適用免簽證國家的人民及應注意事項整理為表 13 及表 14，提供讀者們方便參考。

表 13　可用免簽證方式來台的外國人及其停留期間表

停留天數	國別
14 天	汶萊、菲律賓、泰國（共 3 國）
21 天	俄羅斯（共 1 國）
30 天	馬來西亞、諾魯、新加坡、貝里斯、多明尼加、聖克里斯多福及尼維斯、聖露西亞、聖文森（共 8 國）
90 天	日本、韓國、紐西蘭、吐瓦魯、馬紹爾群島、帛琉、澳大利亞、以色列、加拿大、美國、智利、瓜地馬拉、海地、宏都拉斯、尼加拉瓜、巴拉圭、英國、愛爾蘭、奧地利、比利時、克羅埃西亞、丹麥、芬蘭、法國、德國、希臘、冰島、義大利、列支敦斯登、盧森堡、北馬其頓、馬爾他、摩納哥、荷蘭、挪威、葡萄牙、西班牙、瑞典、瑞士、捷克、波蘭、斯洛伐克、匈牙利、立陶宛、愛沙尼亞、拉脫維亞、斯洛維尼亞、梵蒂岡城國、保加利亞、羅馬尼亞、賽普勒斯、安道爾、聖馬利諾、史瓦帝尼（共 54 國）

資料來源：作者整理製表

表 14　申請免簽證來台的條件及特定規範一覽表

項目	一般條件及特別規範
護照效期	適用對象所持護照效期須在 6 個月以上（含普通、外交、公務護照），但美國護照及日本護照效期僅須長於擬停留日期即可。
不同國家特定規範	1. 美國緊急護照亦適用免簽證。 2. 汶萊普通護照及 CI 旅行證（Certificate of Identity）適用，外交、公務護照則不適用。 3. 泰國、菲律賓及俄羅斯僅普通護照適用，外交、公務護照不適用。 4. 持宏都拉斯護照所載出生地為中國大陸者，不適用。 5. 持貝里斯、史瓦帝尼、諾魯、聖克里斯多福、聖露西亞、吐瓦魯護照所載出生地為中國大陸、阿富汗、巴基斯坦、奈及利亞、利比亞、伊拉克、伊朗、敘利亞及葉門者，不適用。 6. 馬紹爾群島共和國國民應指任何具馬紹爾群島共和國國籍並符合下列任一條件之個人：於馬紹爾群島共和國憲法生效日前，出生即取得太平洋群島託管地國籍，並持續為馬紹爾群島共和國國民者；或於馬紹爾群島共和國憲法生效當日及其後，出生即取得馬紹爾群島共和國國籍者。 7. 持用泰國、汶萊、菲律賓及俄羅斯護照者：須備妥旅館訂房紀錄、在台聯絡人資訊及適當財力證明以供國境線上查驗。
緊急護照	持用緊急或臨時護照者（美國國民除外），應向台灣駐外館處申請簽證，或於抵達台灣時申請落地簽證。
備妥機（船）票	回程機（船）票或次一目的地之機（船）票及有效簽證，其中機（船）票應訂妥離境日期班（航）次之機（船）位。

項目	一般條件及特別規範
查驗無不良紀錄	經台灣入出國機場或港口查驗單位查無不良紀錄。
停留期限	1. 分為 14 天、21 天、30 天或 90 天，自入境翌日起算，最遲須於期滿當日離境。 2. 期滿不得延期及改換其他停留期限之停留簽證或居留簽證，但因罹患急性重病、遭遇天災等重大不可抗力事故，致無法如期搭機離境，或於入境後於停留期限內取得工作許可之白領專業人士及與其同時入境並同時改辦之配偶、未滿 20 歲子女，經領務局或外交部辦事處專案同意改辦停留簽證者不在此限（以上述白領應聘事由提出停留簽證申請者，申請人須於停留期限屆滿前 7 個工作天提出簽證申請）。
注意事項	1. 除觀光、探親、社會訪問、商務、參展、考察、國際交流等無須申請許可之活動外，以免簽證方式入境者若有計畫從事須經法令許可之活動，仍須取得許可。 2. 若要從事傳教弘法等須經資格審查之活動，請事先向台灣的駐外館處申請適當之簽證。

資料來源：作者整理製表

☞ 小叮嚀

外交部開放免簽或落地簽國家及相關條件，會隨著國際局勢及政府政策需要，隨時都有可能變動，建議大家可以上「領務局全球資訊網（https：//www.boca.gov.tw）」查詢最新資料。

（二）落地簽證制度

　　台灣現行開放兩大類外國人來台可用落地簽證，一類是針對土耳其籍人士，但是必須持用效期在 6 個月以上護照；另一類則是適用免簽證國家的國民（美國除外）持用緊急或臨時護照、且效期 6 個月以上，停留期限為自抵達台灣隔天起算 30 天，外國人辦理落地簽證來台資格表如表 15。

　　特別要注意的是，持落地簽證的外國人在台停留期滿後，不可以再申請延期，及改換其他停留期限之停留或居留簽證。

表 15　外國人辦理落地簽證來台資格表

項目	資格說明
適用對象	1. 持效期在 6 個月以上護照之土耳其籍人士。 2. 適用免簽證來台國家之國民（美國除外）持用緊急或臨時護照、且效期 6 個月以上者。
應備要件	1. 回程機票或次一目的地之機票及有效簽證，其機票應訂妥離境日期班次之機位。 2. 填妥簽證申請表、繳交相片 2 張。 3. 簽證費新台幣 1,600 元（美金 50 元，依互惠原則免收簽證費國家國民免繳）及手續費新台幣 800 元（美金 24 元）。土耳其籍人士免費（免收簽證費及手續費）。 4. 經機場查驗單位查無不良紀錄。

項目	資格說明
辦理方式	1. 自台灣桃園國際機場入境，可到領務局台灣桃園國際機場辦事處辦理。 2. 自台北松山機場、臺中機場、高雄小港機場入國，應先向移民署國境事務大隊申領「臨時入國許可單」入國，入國後儘速至領務局或外交部各區域辦事處補辦簽證手續；若入境後遇連續假期，請向領務局台灣桃園國際機場辦事處補辦簽證手續；須完成補辦簽證手續始能離境。
停留期限	1. 自抵達翌日起算 30 天。 2. 持落地簽證之外籍人士在台停留期滿後不得申請延期及改換其他停留期限之停留或居留簽證。但因罹患急性重病、遭遇天災等重大不可抗力事故，致無法如期搭機離境，經領務局或外交部各區域辦事處專案同意改換停留簽證者不在此限。
注意事項	1. 除觀光、探親、社會訪問、商務、參展、考察、國際交流等無須申請許可之活動外，以落地簽證方式入境若要從事須經法令許可之活動，仍須取得許可；從事傳教弘法等須經資格審查之活動，須事先向台灣駐外館處申請適當之簽證。 2. 台灣僅承認依據一般國際法原則取得國籍之外國護照，對持「以其他方式」如投資或價購取得之外國護照申請簽證，外交部及駐外館處原則不予受理。 3. 外國人持外國護照登載出生地為中國大陸，申請簽證時應備妥旅居國外 4 年以上證明，另需備妥在發照國有居住事實之證明。

資料來源：作者整理製表

（三）停留簽證制度

停留簽證是外國人最常申請的簽證類別，停留簽證的種

類相當多，包含了觀光、探親、一般社會性訪問等等，外國
人可依照自己來台的目的及需求，在進入台灣之前，就要準
備好各項申請文件以及辦理簽證的規費，向台灣駐外館處提
出申請。申請的文件可以分為基本應備文件及依申請事由要
求的個別應備文件，詳細的應備文件及注意事項，都可以參
考表 16 與表 17。

表 16　外國人申請停留簽證基本應備文件及注意事項表

基本應備文件	注意事項
簽證申請表	須線上填寫申請表，列印產出具有條碼之簽證申請表，並親自簽名確認。
6 個月內 2 吋彩色照片 2 張	背景須以白色為底色
護照正本及影本	效期 6 個月以上且須有空白頁

資料來源：作者整理製表

表 17　外國人申請停留簽證之申請事由及各事由個別應備文件一覽表

申請事由	應備文件
觀光	1. 財力證明：例如銀行存款證明。 2. 行程表。 3. 來回機票：機票、電子機票或旅行社證明。
探親	1. 在台親屬之居留證明：最近 3 個月內全戶戶籍謄本（應列印個人相關紀事欄）、外僑居留證或永久居留證。 2. 親屬關係證明文件：出生證明或戶籍謄本等相關身分證明文件。

申請事由	應備文件
一般社會性訪問	1. 邀請函：由邀請單位出具。 2. 財力證明：例如銀行存款證明。 3. 行程表。
洽商	1. 洽商證明：包含所屬公司（廠商）在職及派遣證明函；在台廠商邀請函；商務往來函電及交易紀錄（如信用狀、電匯款收據或進出口貨品提單等）。 2. 在台關係人資料：姓名、地址、電話號碼等。 3. 特定國家人士來台洽商在台關係人辦理擔保應備文件： （1）「申請中華民國簽證保證書」（正本），保證書下方加蓋保證人服務單位印信；如非負責人擔保，則請出示授權書授權指定業務代理人擔保。 （2）說明書：說明與申請人認識之經過、往來情形及此次來台之行程。 （3）申請人護照影本。 （4）商務往來函電及交易紀錄：如信用狀、電匯款收據或進出口貨品提單等。 （5）國內廠商營利事業登記證影本或變更登記表。 （6）辦理台灣簽證保證書審核通知書。 （7）視個案要求保證人提供之其他證明文件：如申請人在職證明等。 （8）預收領務電報費：每案電報以 1 頁為原則收取新台幣 50 元；如有附件，每頁加收新台幣 50 元。
應聘	中央目的事業主管機關之聘僱許可函正本及影本 1 份（正本驗畢退還）：外籍人士申請來台工作，國內雇主應先向主管機關申請工作許可。
表演	勞動部核准公文：主辦（或贊助）單位或雇主須先向勞動部申請許可。

申請事由	應備文件
代訓	目的事業主管機關核准公文：如經濟部、衛生福利部及教育部體育署等核發許可函。
實習	中央目的事業主管機關或其授權機關核發之許可文件：如法務部、內政部、行政院金融管理委員會、經濟部投資審議委員會等核發許可函。
參加國際會議、商展	證明文件：例如主辦（或邀請）單位邀請函或參展證明及申請人身分證明。
傳教弘法	1. 神職身分證明正本及影本： （1）外籍宗教人士須具有神職身分，例如基督教之牧師或傳道人（須具備聖經知識；且持神學院或聖經學院學位或證書，或為合法設立之教會所按立之傳道人）、天主教之神父或修女、佛教之僧尼、回教之阿訇等。如依宗教之傳統，神職人員無授證名稱，得由外籍宗教人士服務教區之該宗教統理機構或所屬宗教團體出具證明。 （2）文件內容應說明外籍宗教人士之姓名、國籍、所屬宗教、何時擔任神職工作及迄至本次申請簽證時，是否仍具神職身分（請註明確實日期）。 （3）佛教僧尼得繳驗戒牒正、影本。 2. 傳教弘法經歷證明正本及影本（可與「神職身分證明」合併為同一文件）：由外籍宗教人士所屬宗教團體出具並經負責人親簽，其內容應說明： （1）外籍宗教人士之姓名、國籍、出生日期及所屬宗教。 （2）最近連續專職從事傳教弘法活動至少 2 年以上之詳細經歷（請註明確實期間）。 3. 國內宗教團體之立案登記或法人登記證書影本：宗教團體係指在台灣境內依法設立或登記有案之寺廟、教會（堂）或團體。

申請事由	應備文件
	4. 邀請函正本及影本：由國內宗教團體出具，並經負責人親簽及加蓋團體印信，其內容應說明： （1）該團體所屬宗教及係合法立案、非屬營利性機構且正常運作。 （2）邀請外籍宗教人士來台之理由。 （3）所邀外籍宗教人士之姓名、國籍、出生日期、所屬教派、預定在台停留期間及擬在台從事之傳教弘法活動詳細內容與日程。 （4）應該團體之邀來台且尚未離境之外籍宗教人士名單及所持簽證種類。 （5）具結對所陳述之各節無任何隱瞞。 5. 所繳文件之正本驗畢後退還。經通知補件而未能於 2 周內補齊者，簽證申請將遭逕予拒件亦不退費。 6. 傳教弘法原則僅核發單次入境簽證。
藏傳佛教外籍僧侶來台弘法	1. 神職身分證明正本及影本：由外籍僧侶所屬藏傳佛教之傳承法座出具並親簽，內容應包含外籍僧侶之姓名、國籍、所屬之教派、何時出家及迄至本次申請簽證時，是否仍具僧侶（monk）身分。 2. 弘法經歷證明正本及影本（可與「神職身分證明」合併為同一文件，由傳承法座併予證明）：由外籍宗教人士所隸屬之國外宗教團體或寺廟出具，經負責人或住持親簽，其內容應說明： （1）外籍僧侶之姓名、國籍、出生日期及所屬之教派。 （2）迄至本次申請簽證時，最近 2 年連續專職從事弘法活動之詳細經歷（請註明確實期間）。 （3）國內宗教團體之立案登記或法人登記證書影本：宗教團體係指在中華民國境內依法設立或登記有案之寺廟、教會（堂）或團體。 3. 邀請函正本及影本：由國內宗教團體出具，並經負責人親簽及加、蓋團體印信，其內容應說明：

申請事由	應備文件
	（1）該團體所屬宗教及係合法立案、非屬營利性機構且正常運作。 （2）邀請外籍僧侶來台之理由。 （3）所邀外籍僧侶之姓名、國籍、出生日期、所屬教派、預定在台停留期間及擬在台從事之弘法活動詳細內容與日程。 （4）應該團體之邀來台且尚未離境之外籍僧侶名單及所持簽證種類。 （5）具結對於所陳述之各節無任何隱瞞。
研習中文	1. 教育部認可之大學附設國語文中心或機構核發之入學許可正本及影本： （1）目前教育部公布之大學附設國語文中心或機構名單，請參考該部網站。 （2）持劍潭華裔青年語文中心入學許可者，亦須提交由僑務委員會推薦入學之證明文件。 （3）周一至周五，每周至少上課 15 小時。 2. 研習計畫書正本及影本：內容應包含研習中文動機及研習計畫。 3. 財力證明正本及影本：例如銀行存款證明、國外匯款證明。 4. 對於曾來台從事《就業服務法》第 46 條第 1 項第 8 款至第 10 款規定工作及持特定國家護照者，台灣駐外館處得不受理以研習中文為由申請簽證。 5. 以免簽證或落地簽證方式入境、非以研習中文之停留簽證目的來台，或已以其他身分在台居留者，均不適用在台轉換簽證目的為「研習中文」。 6. 在台就讀滿 4 個月並繼續註冊 3 個月以上，且符合居留簽證之要件者，得於所持停留簽證之停留期限屆滿至少 8 個工作天前申請改換居留簽證。
研修宗教教義	1. 主管機關之核准函影本：外籍人士來台研修宗教教義，應先由宗教團體或其附設之宗教教義研修機構依據「宗教團體申請外籍人士來台研修宗教教義要點」之規定，向許可設立登記或立案之內政部、直轄市或縣（市）政府申請核准。

申請事由	應備文件
研修宗教教義	2. 以免簽證或落地簽證方式入境，或持簽證目的非研修宗教教義之停留簽證來台者，不得要求在台以研修宗教教義為由申請延長停留期限或轉換居留簽證。
短期就醫	1. 財力證明：例如銀行存款證明或與台灣醫療機構達成之付款協議。 2. 國外醫院診斷證明。 3. 國內醫療機構療程安排及說明書。 4. 來回機票：機票、電子機票或旅行社證明。 5. 得以來台接受醫療服務為由申請簽證之疾病種類，比照衛生福利部公告之「外籍人士及大陸地區人民得於台灣地區接受醫療服務之疾病」一覽表。 6. 陪醫者以病患配偶或 3 親等內親屬 2 人同行為原則，必要時得增列居住國醫事人員 2 人隨行照顧。申請人得檢具親屬關係證明或醫事人員服務單位派遣證明，以陪同就醫為由申請來台簽證。 7. 重大緊急醫療簽證申請案可由台灣醫療機構向領務局提出申請。
尋職	1. 尋職簽證申請檢核表（並親自簽名確認）。 2. 提供符合以下條件之任一證明： 　（1）有工作經驗者，近 6 個月內之月平均薪資或報酬高於新台幣 4,7971 元證明，（畢業 1 年內且無工作經驗者，免繳）。 　（2）畢業 1 年內且無工作經驗者，教育部公布之全球排名前 500 大學畢業之證明。 　（3）經外交部會商中央目的事業主管機關認定之相關證明。 3. 財力證明：新台幣 10 萬元以上或等值之財力證明。 4. 醫療保險證明：在台灣停留期間之醫療及全額住院保險證明。 5. 無犯罪紀錄證明。 6. 尋職計畫。

申請事由	應備文件
交換學生（6 個月以內）	1. 大專校院核准函或各級主管教育行政機關之核准函正本及影本（參考條文：外國學生來臺就學辦法）。 2. 就讀學校入學許可 / 通知：由就讀學校出具之入學許可或錄取通知書。 3. 國外就讀學校之在學證明正本及影本：由國外原就讀學校出具之在學證明或學生證或同意交換證明。 4. 交換就讀期間在免簽證法定在台停留期限內者，得以免簽證方式入境，惟以免簽證或落地簽證、電子簽證方式入境，或持非以就學目的之停留簽證來台者，不得以就學為由要求轉換就學事由之停、居留簽證或申請延長停留期限。 5. 選讀生或隨班附讀者，不得以就學為由申辦簽證。 6. 持有學校入學許可，不代表即可獲台灣核發簽證；獲台灣核發簽證者，並不代表即可進入台灣境內。
特別規定	自 2017 年 7 月起，為增進台灣與日本雙邊關係，並提供日本籍退休高年齡層人士來台從事休閒度假活動之友善環境，外交部針對日籍退休人士申請來台長期旅行（Long Stay）停留簽證訂定適用對象及相關規定： 1. 年屆 55 歲以上之退休日籍人士。 2. 出具日本警察機關核發之無犯罪證明。 3. 持有 5 萬美元以上之財力證明並享有厚生、共濟或國民年金給付之證明文件。 4. 持有效期至少 2 年之海外旅行保險（含醫療及意外保險）者，得申請 1 年效期、多次入境、每次停留期限 180 天（不得延期）之停留簽證；保險效期不足 2 年，但在 6 個月以上者，得申請 6 個月效期、多次入境、每次停留期限 180 天（不得延期）之停留簽證。 5. 隨行配偶不受年齡限制，凡符合以上第 2 點及第 4 點之規範者亦可享相同之簽證待遇。

資料來源：作者整理製表

此外，要特別提醒的是，如同本書前面提到的簽證意義，簽證核發是國家的主權行為，台灣政府有權拒發給外國人簽證，並且無須說明原因，因此提出簽證申請不論最終是否獲發簽證，已繳的簽證規費依規定是不退還的，另外，必要時台灣駐外館處也可以要求申請人進行面談，作為是否核發簽證的依據。

（四）居留簽證制度

不同於停留簽證是屬於短期停留的性質，外國人如果需在台灣居住較長的時間，就必須要申請居留簽證。居留簽證的事由也相當多，申請的文件可以分為基本應備文件及依申請事由要求的個別應備文件，詳細的應備文件及注意事項，如表 18 與表 19。

表 18　外國人申請居留簽證基本應備文件及注意事項表

基本應備文件	注意事項
簽證申請表	須線上填寫並列印產出具有條碼之簽證申請表，親自簽名確認。
6 個月內 2 吋彩色照片 2 張	背景須以白色為底色
護照正本及影本	1. 護照效期 6 個月以上且須有空白頁。 2. 影印含照片在內之護照基本資料頁及前次來台簽證。

資料來源：作者整理製表

表 19　外國人申請居留簽證之申請事由及各事由個別應備文件一覽表

事由	應備文件
創業家	1. 經濟部投資審議委員會規定之文件（條文參考：外國人來台申請創業家簽證資格審查處理要點）。 2. 目前在台灣的外籍勞工不適用。
國民之外籍配偶申請依親居留簽證	1. 健康檢查合格證明正本及影本：繳驗最近 3 個月內由衛生福利部指定外籍人士體檢國內醫院或國外醫院出具之健康檢查合格證明，國外健檢證明須經台灣駐外館處驗證。 2. 效期內之申請人本國政府所核發之無犯罪紀錄證明或良民證正本及影本一份：均須附中文或英文譯本，並經中華民國駐外館處驗證，倘該證明註明有效期限，則不得逾該證明效期。 3. 結婚證明文件：申請人本國政府所核發之結婚登記證明正本及影本，無婚姻登記制度之國家須繳結婚證書正本及影本 1 份，結婚登記證明及結婚證書均須附中文或英文譯本，並經台灣駐外館處驗證。 4. 最近 3 個月內台灣地區新式戶口名簿或全戶戶籍謄本正本：已有結婚登記並載明外籍配偶之國籍及外文姓名。 5. 申請人持停留期限 60 日以上、且未加註「不得延期」或「不得在台改辦居留」之停留簽證入境、符合依親（包括外籍配偶、未成年子女）居留事由，可逕向移民署各縣（市）服務站申請外僑居留證。 6. 落地簽證或免簽證方式入境者、目前在台外籍勞工均不適用。

事由	應備文件
外籍人士未成年子女申請依親居留簽證	1. 健康檢查合格證明正本及影本：繳驗最近3個月內由衛生福利部指定外籍人士體檢國內醫院或國外醫院出具之健康檢查合格證明，國外健檢證明須經台灣駐外館處驗證。 2. 6歲以下兒童、申請人本人及在台投資、應聘工作之依親對象均為免簽證適用國家人士者免附。 3. 依親對象為在台有戶籍國民者，應繳交最近3個月之台灣地區全戶戶籍謄本；依親對象為在台灣地區無戶籍國民、居留或永久居留外僑、港澳或大陸地區人民者，應繳交有效期6個月以上之外國人居留證明書、在台合法居留證件或永久居留證正本及影本。 4. 申請人為在台有戶籍國民之外籍20歲以下未成年子女或（外）孫子女者，申請人之父母須在國內設有戶籍，並應繳交載有父母婚姻登記之台灣地區3個月內有效全戶戶籍謄本正本；申請人為在台有合法居留或永久居留身分人士（指在台無戶籍國民、外國人、港澳居民、大陸人士）之外籍20歲以下未成年子女者，應繳交父母之婚姻關係證明。 5. 出生證明正本及影本：文件上須有父母全名（經駐外館處驗證）。 6. 在台灣設有戶籍之雙籍人士申請依親，應持憑外國護照入境，並先將戶籍遷出國外。 7. 若父母離婚，被依者須具監護權並提供監護權歸屬證明。 8. 父母在台有戶籍，而子女在外國出生時，須檢附父母之台灣護照正本及影本。

事由	應備文件
	9. 依親對象係在台有戶籍之祖父母或外祖父母者，須檢附申請人父、母或合法監護人之親筆授權書或委託書。 10. 於台灣境內申請者，須加影印最近 1 次之簽證頁及入境頁。
投資	1. 中央目的事業主管機關之投資證明函正本及影本。 2. 投資金額須 20 萬美元以上（條文參考：外國投資人或外國法人投資人之代表人申辦居留簽證之作業）。 3. 落地簽證或免簽證方式入境者以及目前在台外籍勞工均不適用。
應聘	1. 中央目的事業主管機關之聘僱許可函正本及影本：外籍人士申請來台工作，國內雇主應先向主管機關申請工作許可。 2. 自簽證申請日起，工作許可期限須為 6 個月以上。 3. 目前在台外籍勞工不適用。
實習	1. 中央目的事業主管機關或其授權機關核發之許可文件。 2. 健康檢查合格證明正本及影本：繳驗最近 3 個月內由衛生福利部指定外籍人士體檢國內醫院或國外醫院出具之健康檢查合格證明，國外健檢證明須經台灣駐外館處驗證。 3. 落地簽證或免簽證方式入境者以及目前在台外籍勞工均不適用。
傳教弘法	1. 健康檢查合格證明正本及影本：繳驗最近 3 個月內由衛生福利部指定外籍人士體檢國內醫院或國外醫院出具之健康檢查合格證明，國外健檢證明須經台灣駐外館處驗證。

事由	應備文件
	2. 神職身分證明正本及影本：外籍宗教人士須具有神職身分，例如基督教之牧師或傳道人（須具備聖經知識；且持神學院或聖經學院學位或證書，或為合法設立之教會所按立之傳道人）、天主教之神父、修士或修女、佛教之僧尼、回教之阿訇等；如依宗教之傳統，神職人員無授證名稱，得由外籍宗教人士服務教區之該宗教統理機構或所屬宗教團體出具證明。 3. 文件內容應說明外籍宗教人士之姓名、國籍、所屬宗教、何時擔任神職工作及迄至本次申請簽證時，是否仍具神職身分。 4. 佛教僧尼得繳驗戒牒正、影本。 5. 傳教弘法經歷證明正本及影本：可與「神職身分證明」合併為同一文件，由外籍宗教人士所屬宗教團體出具並經負責人親簽，其內容應說明： （1）外籍宗教人士之姓名、國籍及所屬宗教。 （2）最近連續專職從事傳教活動至少 2 年以上之詳細經歷。 6. 國內宗教團體之立案登記或法人登記證書影本：宗教團體係指在台灣境內依法設立或登記有案之寺廟、教會（堂）或團體邀請函正本及影本：由台灣宗教團體出具，並經負責人親簽及加蓋團體印信，其內容應說明該團體所屬宗教及係合法立案、非屬營利性機構且正常運作。 7. 所邀外籍宗教人士姓名、國籍、出生日期、所屬宗教、預定在台居留期間及在台從事之傳教弘法活動詳細內容與日程。 8. 應該團體之邀來台且尚未離境之外籍宗教人士名單及簽證種類。 9. 具結對所陳述無任何隱瞞。

事由	應備文件
外國學生	1. 健康檢查合格證明正本及影本：最近 3 個月內由衛生福利部指定外籍人士體檢國內醫院或國外醫院出具之健康檢查合格證明（居留或定居健康檢查項目表），國外健檢證明須經台灣駐外館處驗證。 2. 入學許可 / 通知或在學暨註冊證明、成績單正本及影本：外國學生應繳驗由學校出具之入學許可或錄取通知書（條文參考：外國學生來臺就學辦法）。 3. 高級中等以下學校學生，現階段僅開放享有免簽證國家得來台就讀經教育部核准得招收外國學生之中等學校。 4. 在學之學生持停留簽證入境後申請改辦就學事由居留簽證，須另繳交在學證明、已註冊證明及在校成績單（實務上也可先繳驗入學許可，即可核發效期為 6 個月的居留證）。 5. 最高學歷證件（含畢業證書及成績單）正本及影本：中文、英文以外之學歷證件應附中文或英文譯本。 6. 財力證明正本及影本（6 個月經常性財力）：限提供本人或 3 等親出具財力證明、匯款證明、獎學金證明；非本人之財力須另繳附親屬關係證明，另獎學金證明須載明受獎期限及額度。
研修宗教教義	1. 健康檢查合格證明正本及影本：最近 3 個月內由衛生福利部指定外籍人士體檢國內或國外醫院出具之健康檢查合格證明，國外健檢證明須經台灣駐外館處驗證。 2. 主管機關之核准函影本：外籍人士來台研修宗教教義，應由宗教團體或其附設之宗教教義研修機構依據「宗教團體申請外籍人士來臺研修宗教教義要點」之規定，先向許可設立登記或立案之內政部、直轄市或縣（市）政府申請核准。

事由	應備文件
研修宗教教義	3. 以免簽證或落地簽證方式入境，或非以研修宗教教義之簽證目的持停留簽證來台者，不得要求再以研修宗教教義為由轉換居留簽證或申請延長停留期限。 4. 原在台居留外僑擬轉換居留目的為研修宗教教義者，申請人應先行離台向駐外館處遞送申請件。
研習中文	1. 健康檢查合格證明正本及影本：最近 3 個月內由衛生福利部指定外籍人士體檢國內或國外醫院出具之健康檢查合格證明，國外健檢證明須經台灣駐外館處驗證。 2. 在學證明及註冊證明正本及影本：須為教育部認可之大學附設之華語文中心所核發之在學及註冊證明（在學證明內容須證明已就讀滿 4 個月並繼續註冊 3 個月以上、周一至周五，每周至少須上課 15 小時）。 3. 上課出席紀錄證明正本及影本：缺課含請假時數不得超過上課總時數之四分之一。 4. 成績單正本及影本：研習期間之測驗成績。 5. 研習計畫書正本：內容應包含研習中文動機目的及研習計畫。 6. 財力證明正本及影本（3 個月經常性財力）：限提供本人或 3 等親（父母、祖父母、兄弟姊妹）出具財力證明、國外匯款證明、獎學金證明；非本人之財力須另繳附親屬關係證明，另獎學金證明須載明受獎期限及額度。 7. 〔小提醒〕持停留簽證在台灣就讀 4 個月以上者，可在境內換發居留證，不須返回母國。

事由	應備文件
交換學生	1. 健康檢查合格證明正本及影本：最近 3 個月內由衛生福利部指定外籍人士體檢國內或國外醫院出具之健康檢查合格證明，國外健檢證明須經台灣駐外館處驗證。 2. 大專校院核准函或各級主管教育行政機關之核准函正本及影本： （1）申請人來台交換就讀須符合「外國學生來臺就學辦法」規定。 （2）大專校院之校際交換學生須由國內大專校院出具核准函。 （3）高級中等學校之交換學生須由教育部或各縣市政府教育局出具核准函。 3. 就讀學校入學許可 / 通知或在學暨註冊證明正本及影本： （1）交換學生應繳驗由學校出具之入學許可或錄取通知書。 （2）在學學生持停留簽證入境後欲申請改辦就學事由居留簽證，須繳交在學證明及已註冊證明。 4. 國外就讀學校之在學證明正本及影本：由國外原就讀學校出具之在學證明或學生證，派遣證明或學生證。 5. 以免簽證、落地簽證、電子簽證方式入境，或持非以就學目的之停留簽證來台者，不得以就學為由要求轉換居留簽證或申請延長停留期限。選讀生或隨班附讀者，不得以就學為由申辦簽證。

資料來源：作者整理製表

☞ **小常識：簽證該去哪裡申請？**

　　不論是要申請停留簽證或居留簽證，申請人都應該在原籍國或居住國，向台灣在該國的駐外館處提出申請。如果申請人所在的國家沒有台灣駐外館處，那麼應該向該國「領務轄區」的台灣駐外館處提出申請，通常「領務轄區」都是由鄰近國家的台灣駐外館處負責受理申請。讀者可以參考本書為大整理的台灣駐外館處聯絡方式及領務轄區一覽表（如附錄一）。

（五）申請延期

　　針對英國籍及加拿大籍的人士以免簽方式來台後，如果符合條件且有申請在台延期的需要，應於免簽證入境停留期限 90 天屆滿前 30 日之前 5 個工作天內，向領務局各辦事處申辦簽證，無須繳納任何費用，就可以獲得核發 180 天的停留簽證，但停留的起算日仍自免簽證入境之日起算，之後就不得再申請延長或變更停留身分；其申請資格及應備文件如表 20。

表 20　英國籍、加拿大籍人士免簽證入國後申請延期停留資格及應備文件表

資格項目	應備文件
適用對象	非以工作或長期居留為入國目的之英國人、加拿大人，但不包括有下列情形之一者： 1. 入國目的為就學，但非於教育部核准得自境外招生之教學機構就讀者。 2. 入國目的為實習、從事志願服務等應經中央目的事業主管機關許可者。 3. 計劃在我國停留超過 6 個月者。
應備文件	1. 簽證申請表及最近 6 個月內 2 吋半身彩色照片 2 張（背景須以白色為底色）。 2. 效期 3 個月以上之英國、加拿大護照。 3. 申請延期停留說明書。 4. 財力證明。 5. 親屬關係證明。 6. 醫療證明。 7. 在學證明（須包括出勤紀錄及學業成績）。 8. 其他佐證文件。 （以上 1~3 項為共同必備，其餘各項視延期理由備之並須備妥文件正本及影本）
注意事項	有下列情形之一者，外交部受理後得不予核准或核給少於 180 天之停留期限： 1. 申請人財力不足以維持生活者。 2. 有客觀事實足認在我國作目的不明之滯留者，例如最近 12 個月內累計在我國停留超過 6 個月。

資料來源：作者整理製表

第 4 章　外國人入台後的停留與居留許可

一、停留許可及延期

　　前面介紹的簽證種類雖然有四種，其中還是以「停留」及「居留」簽證最為普遍，當外國人以免簽、落地簽或申請停留簽證，而持用護照或旅行文件來台灣，在機場、港口經移民署查驗入境後，就取得合法在台停留的許可。

　　如果是以免簽或落地簽入境的外國人，就只能依照前面介紹簽證時所提到的規定期間停留，不能申請延期，如果是申請停留簽證入境台灣的外國人，就可以辦理延期，除了非常特殊重大、不可抗力的狀況，可以試著專案申請延期外，原則上外國人在台灣停留加上停留延期的總天數還是不能超過 180 天。

　　若是外國朋友想要在台灣居住及生活超過 6 個月，那就只能向外交部申請居留簽證，或是以停留簽證入境後，在一定的條件下，也可改申請居留證。這可謂是外國人在台灣生活的大事，也是本章的重點，接下來會有更詳細的說明。

> ☞**小常識：停留和居留的不同（以月計算）**
>
> 　　依照《入出國及移民法》的規定，「停留」就是在台灣居住不超過 6 個月，而「居留」就是在台灣居住 6 個月以上。要在台灣居住超過 6 個月的朋友，就要申請居留。

　　外國人在台灣停留屆滿前，只要入境時所申請的停留簽證有 60 天以上的效期，沒有被外交部註記不准延期，而且停留的理由繼續存在，就可以由本人或是透過委託人，停留期限屆滿前 15 日內，準備下列相關證明文件如表 21，再到停留地的移民署服務站櫃檯遞件申請。

　　要特別注意的是，如果是委託他人代辦申請停留延期，就要在申請表上填寫委託聲明或另附委託書，移民署才會受理。

表 21　外國人申請在台停留延期的基本文件及依各項事由應備文件

基本文件
1. 申請書 1 份。 2. 護照正本。
依各項事由應備文件

申請事由	應備文件
探親者	1. 被探親屬之戶口名簿、3 個月內之戶籍謄本或外僑居留證。 2. 親屬關係證明（如結婚證書、具父母資料之出生證明等）。
研習國語文者	1. 大學院校國語文中心或短期補習班之註冊證明。 2. 出席紀錄。
從事宗教活動	1. 在華宗教團體出具 1 個月內之邀請函或相關證明文件。 2. 宗教團體立案證明書影本。
從事巡迴表演活動者	主管機關之許可證明
代訓之外籍員工	主管機關之許可證明
應聘者及從事工商業務者	主管機關之許可證明
因病無法依限離境者	醫院診斷證明
外國特定專業人才之直系尊親屬	1. 該直系尊親屬獲外交部核發 1 年效期、多次入國、停留期限 6 個月及未加註限制不准延期或其他限制之停留簽證。 2. 受聘僱從事專業工作之外國特定專業人才之外僑居留證或外僑永久居留證。 3. 親屬關係證明（如結婚證書、具父母資料之出生證明等）。

資料來源：作者整理製表

☞ **小叮嚀：**

　　在一般情況下，每次申請延期不可以超過原本簽證許可停留日期之期間，並且總計停留期間也不可超過 6 個月或 180 日。也就是說，如果外國朋友當初申請是 60 天的停留簽證，延期時，最多一次只能延 60 天，等到第一次延期停留的 60 天屆滿後，還可以申請第二次延期，再停留 60 天，總共停留 180 天。

　　在特殊情況下，受聘僱在台從事專業工作的外國特定專業人才，經移民署許可居留或永久居留後，這些外國特定專業人才的「直系尊親屬」（如：父母親、祖父母）在台的停留期限屆滿，而有繼續停留之必要時，可以在停留期限屆滿前，向移民署申請延期，而且不用出國，每次總停留期間最長為 1 年。

　　另外，外國人在台停留期間，如果發生不可抗力或重大事故必須延期停留者，要提早向停留地的移民署服務站事先提出申請，由移民署依個案審理，才不會造成逾期停留。

☞ 小常識：COVID-19 肺炎疫情期間的特殊延期

考量國際疫情仍屬嚴峻，移民署宣布，針對 2020 年 3 月 21 日（含）以前入境且目前尚未逾期停留之外國人，全面自動延長其在台停留期限。移民署強調，為避免國際人流移動所造成之防疫破口及降低社區防疫負荷，針對合法停留超過 180 日之外國人，宣布自動延長 30 日停留期限之措施。（本書撰寫當下，移民署已自動延期第 5 次）

二、居留許可及申辦外僑居留證

外國人持居留簽證及護照或旅行文件來台，在機場、港口經移民署查驗入境後，取得居留許可，依規定要在入台後 15 天內，向移民署申辦「外僑居留證」，一般外僑居留證的效期為 3 年，但是外籍配偶第一次辦理外僑居留證或因結婚變更居留事由為依親時，須有國人配偶同行辦理，其外僑居留證效期為 1 年。

外國人在台灣居留期間屆滿前，有繼續居留之必要時，應該要在居留期限屆滿前 30 日內，向移民署服務站申請延期居留。另外外國人在台灣居留期間，變更居留住址或服務

處所時，也要在事實發生 15 日內辦理變更登記，如果在原居留期限屆滿前，無法辦理居留事由變更重新取得外僑居留證者，就要依限離境，外僑居留證如果遺失，也要立即申請補發。

　　針對外國人申辦、展延或補發外僑居留證的規定，也整理成表 22 供大家方便參考使用：

表 22　外國人申辦、展延或補發外僑居留證之資格及應備文件一覽表

誰來送件	本人或委託人
誰可以辦	1. 外國人持有效居留簽證之有效護照或旅行證件，經移民署查驗許可入國後，取得居留許可者；或外國人入國後向領務局或其所屬分支機構重新申請居留簽證者。
	2. 在台灣出生之外國人，出生時其父或母持有外僑居留證或永久居留證。
	3. 外國人入國後持外僑居留證者，因居留原因變更為依親、應聘、投資或外國公司在台灣境內之負責人。
	4. 外國人於居留期限屆滿前，原居留原因仍存在，申請居留延期者。
	5. 外僑居留證遺失或污損者。
到哪裡辦	居住地之移民署服務站
要帶什麼	1. 外僑居留證（新辦、遺失補發者免附）。
	2. 繳驗護照、居留簽證正本（申請居留原因變更者，免驗入國簽證）。

		依親者	（1） 親屬關係證明（如：未成年子女依親父母者提出出生證明、依親國人配偶者提出國民身分證、依親外國配偶者提出結婚證書及配偶之外僑居留證、或註記親屬關係之居留簽證等文件）。 （2） 在台灣出生之外國人，出生時其父或母持有外僑居留證或永久居留證，檢附出生證明及父或母之外僑（永久）居留證。
	3. 附申請居留目的之證明文件（驗正本收影本）	應聘工作者	目的事業主管機關核准函及 1 個月內開立之在職證明書。
		投資者	3 個月內申請之經濟部投資審議委員會核准函（投資金額須 20 萬美元以上）、公司設立認許表或變更事項登記表及董監事名冊。如係申請延期者，檢附 3 年內申請之經濟部投資審議委員會核准函（投資金額須 20 萬美元以上）。

		來台就學	蓋有目前學期註冊章之學生證或最近一學期開立的在學證明書（學生初次申請需繳入學分發通知書）。
		研習中文者	最近一學期開立的在學證明書及出席紀錄證明。
		傳教者	宗教團體立案證明書及在台宗教團體出具之邀請函或相關證明文件。
		長期居留韓僑	外交部身分證明函。
		因身心障礙無法自理生活之成年子女，應檢附巴氏量表或相關證明文件。	
		外國公司在台灣境內負責人（訴訟及非訴訟代理人）	經濟部商業司核准函、外國公司變更登記表、外國分公司設立登記表。
		其他	延期理由說明書、相關證明文件（如畢業證書、1 個月內核發離職證明等。）
	4. 繳交最近 1 年內 2 吋半身脫帽正面相片（初次 1 張、換證 1 張，同身分證之相片規格）。		
	5. 因證件污損、滅失、遺失或資料變更重新申請補發者：須檢附受汙損之居留證、滅失、遺失聲明書、報案證明或資料變更之證明文件。		

	6. 繳納證書費（新台幣）：1 年效期 1,000 元、2 年效期 2,000 元、3 年效期 3,000 元、4 年效期 4,000 元、5 年效期 5,000 元，僑生 500 元、補發 500 元。
	7. 委託書：除申請人親自送件外，委託他人代為送件者，應附委託書；人在國外地區、香港及澳門或大陸地區，僅申請展延居留或變更居留住址或服務處所者得委託他人辦理，且委託書應經台灣駐外館處或海基會之驗證。
	8. 現居住地證明：如租賃契約、屋主同意借住則檢附房屋所有權狀影本或國人屋主之身分證正反面影本及屋主同意說明書。
	9. 有關外國公文書之驗證依「外交部與駐外館文件證明條例」規定辦理。
申辦時間	10 天（天數係以工作天計算，憑繳款收據領取外僑居留證）。
小叮嚀	1. 文件於國外製作者，須附中文譯本，並經台灣駐外館處之驗證，如果當地台灣館處僅驗該文件，未驗證中文譯本，則須將中文譯本經台灣法院（或公證人）公證。 2. 居住台灣地區設有戶籍國民，持外國護照入國者，申請居留或居留延期，應先至戶政事務所辦理戶籍遷出登記。 3. 外國人持居留簽證入國者，應於入國後 15 日內申辦居留證，逾時申辦，處新台幣 2,000 元至 10,000 元罰鍰；外國人變更居留地址或服務處所時，應於 15 日內備妥文件辦理資料異動，違規者，處新台幣 2,000 元至 10,000 元罰鍰。 4. 外國人逾期居留未滿 30 日，原申請居留原因仍繼續存在者，經處罰後，得向移民署重新申請居留。

資料來源：作者整理製表

　　另外，外國人持 60 天以上的停留簽證來台，且未經簽證核發機關加註限制不准延期或其他限制者，如果符合表 23 所列關係身分的對象者，也可以向移民署服務站提出申請外僑居留證；但要特別注意的是「打工度假簽證」及「簽證加註不得在台辦居留簽證或居留證」等狀況無法申請。

表 23　外國人持停留簽證來台可申請外僑居留證之關係對象表

關係	對象	備註
婚姻關係	配偶為現在在台灣居住且設有戶籍或獲准居留之國民，或經核准居留或永久居留之外國人。	排除在台灣從事海洋漁撈、家庭幫傭看護、建設工程或經濟社會發展之工作。（參考條文：《就業服務法》第四十六條第一項第八款至第十款之工作者）
收養關係	未成年之外國人，其直系尊親屬為現在台灣設有戶籍或獲准居留之國民，或經核准居留或永久居留之外國人。	被收養者應與收養者在台灣共同居住。

關係	對象	備註
白領工作者	1. 在台灣從事專門性或技術性工作。 2. 華僑或外國人經政府核准投資或設立事業之主管。 3. 公立或經立案之私立大專以上校院或外國僑民學校之教師、公立或已立案之私立高級中等以下學校之合格外國語文課程教師、公立或已立案私立實驗高級中等學校雙語部或雙語學校之學科教師。 4. 依補習及進修教育法立案之短期補習班之專任教師。 5. 運動教練及運動員。 6. 宗教、藝術及演藝工作。 7. 商船、工作船及其他經交通部特許船舶之船員。 8. 其他因工作性質特殊，台灣所缺乏之人才，在業務上確有聘僱外國人從事工作之必要，經中央主管機關專案核定者。	（參考條文：《就業服務法》第46條第1項第1款至第7款或第11款）
在台投資者	在台灣有一定金額以上之投資，經中央目的事業主管機關核准或備查之投資人或外國法人投資人之代表人。	
外國公司負責人	外國公司在台灣境內之負責人。	
外交專案	基於外交考量，經外交部專案核准在台灣改換居留簽證。	

資料來源：作者整理製表

　　符合以上條件的外國人，必須在停留效期屆滿前 15 日（如果為配偶身分需在停留效期屆滿前 30 日），向居住地的移民署服務站提出申請，移民署專勤隊也會依個案的情形，實地前往外國人的居住地查訪。申請的文件可以分為基本應備文件及依申請事由要求的個別應備文件，詳細的應備文件及注意事項，可參考表 24 及表 25。

表 24　外國人持停留簽證來台申請外僑居留證之基本應備文件表

基本應備文件	說明
申請書	1. 可至移民署服務站索取、自行以 A4 白紙影印或從網站下載。 2. 檢附之照片要是最近 1 年內 2 吋半身正面脫帽照片。
護照及停留簽證	提供正本，檢驗完畢將歸還。
3 個月內健康檢查合格證明	1. 白領應聘、在台投資、外國公司負責人或外交部專案之申請者，及其依親之眷屬（外籍配偶、未成年直系卑親屬）為免簽證適用國家（不包含免簽證試辦國家）人士者，皆免附。 2. 6 歲（含）以下者，得以「預防接種證明」代替。 3. 健康檢查證明須依衛生福利部最新公告之外籍人士辦理居留或定居之健康檢查證明應檢項目辦理。 4. 在國外檢驗者，應經駐外館處之驗證；檢查項目不完整者，須在國內補檢未檢驗之項目。

基本應備文件	說明
	5. 健康檢查證明，自檢查之日起 3 個月內有效，須於效期內提出申請（盡量於入境後至合格之醫療院所檢驗）。
刑事紀錄證明	1.「白領應聘工作、在台投資、外國公司負責人或外交部專案」為居留事由之外國人，免附；其入境前婚姻關係已存在之外籍配偶，申請依親居留，免附。 2. 未成年者，免附。 3. 本國刑事紀錄證明係指申請人原籍國之全國性紀錄，例如：美國公民之本國刑事紀錄證明，須由美國聯邦調查局 FBI 所核發；如申請人本國為越南籍，其刑事紀錄證明應出具越南「二號司法履歷表」。但申請人出具 108 年 12 月 1 日前經駐越南代表處驗證「一號司法履歷表」者，亦視同為合格證明文件。 4. 刑事紀錄證明須含最近 5 年內之紀錄。 5. 申請人前在台居留出境後，持停留簽證改辦居留案件，如申請人出境未超過 3 個月，不須檢附。
現居住地證明	如租賃契約、屋主同意借住者檢附房屋所有權狀影本或國人屋主之身分證正反面影本及屋主同意說明書，或其他足資證明確為申請人實際居住地址之證明文件。

表 25　外國人持停留簽證來台申請外僑居留證之個別事由證明文件

個別事由	相關證明文件	說明（驗正本，收影本）
配偶	結婚證明文件	1. 申請人簽證註記欄代碼如已表明與依親親屬之關係、配偶姓名及身分證號碼，視同經外館驗證之親屬關係證明，免檢附經外館驗證之結婚證書；如簽證備註欄僅註記「P」（觀光、訪問、探親均為 P），仍須檢附證明文件。 2. 申請人為台灣有戶籍國民之外籍配偶，且已完成戶籍結婚登記，得免附證明文件。
收養者	收養證明文件	1. 直系尊親屬 3 個月內有效之全戶戶籍謄本或外僑居留證正本。 2. 親屬關係證明文件（如出生證明或經法院裁定收養證明書）。 3. 未成年之申請人依親其直系尊親屬，如簽證註記欄代碼表已註明與該親屬之關係、親屬姓名及身分證號碼（居留證號碼），免檢附經外館驗證之出生證明。
白領工作者	白領應聘證明文件	1. 經勞工或目的事業主管機關核准聘僱之外國人專業人員核准函（需有 6 個月以上之聘僱效期）。 2. 1 個月內有效之員工在職證明書。

個別事由	相關證明文件	說明（驗正本，收影本）
		3. 各級政府及其所屬學術研究機構聘請外國人擔任顧問或研究工作者、外國人與有戶籍國民結婚，且獲准居留者、受聘僱於公立或經立案之私立大學進行講座、學術研究經教育部認可，無須向勞動部申請工作許可者，可檢附目的事業主管機關之許可函（參考條文：《就業服務法》第48條）。
在台投資者	投資證明文件	1. 中央目的事業主管機關核准函（投資金額須20萬美元以上）。 2. 董監事名冊。 3. 公司變更事項登記表。
外國公司負責人	公司證明文件	1. 經濟部商業司核准函。 2. 外國公司（變更）登記表。 3. 外國分公司設立登記表。 4. 營利事業登記證。如為外國公司分公司代表人或訴訟及非訴訟代理人兼任分公司經理人者，除上述文件外尚須檢附勞動部核發之工作許可。
外交專案	專案同意文件	檢附主管機關核准函。

資料來源：作者整理製表

☞ **小常識：申請停留改居留的申辦時間和費用**

持停留簽證來台的外國人，在台符合一定資格而在台申辦外僑居留證，作業期間需要 10 個工作天（不含例假日、退補件期間，或依服務站認定有需安排專勤隊訪查之等待期間）。另外，依申請的居留效期不同，收費的標準也不同：

（1）1 年效期 1,000 元。　（2）2 年效期 2,000 元。

（3）3 年效期 3,000 元。　（4）4 年效期 4,000 元。

（5）5 年效期 5,000 元。　（6）僑生 500 元。

（7）持停留簽證入國申請者，外加 2,200 元。

三、不同身分別之外國人申辦居留時應個別注意事項

（一）外籍配偶

近年來，因為跨國（境）人口流動愈來愈頻繁，配偶異國化的現象也愈來愈常見，早期以大陸地區的配偶因婚姻關係來到台灣最多；而最近 10 年以來，來自越南、印尼等外籍配偶人數增加快速，因此本書特別針對此類透過結婚來到台灣的外國人，說明他們從原屬國到台灣申請居留證的程序與注意事項。

1、當事人於境外完成外籍配偶原屬國之結婚程序後，備齊申請依親簽證及結婚文件驗證之相關資料及表格（外籍配偶之體檢表、無犯罪紀錄及業經結婚登記之戶籍謄本於此階段暫無須提出），並繳交各該申請費用後，提出面談之申請，由駐外館處一併受理，並安排面談。

2、面談通過後，駐外館處即驗證結婚文件，以供當事人持憑在台灣結婚登記，其後再提交外籍配偶之體檢表、無犯罪紀錄及業經結婚登記之戶籍謄本，向駐外單位申辦依親簽證。面談不通過，簽證規費及文件驗證規皆不退還（條文參考：外國護照簽證收費標準」第 7 條第 1 項、「外交部及駐外館處辦理領事事務文件證明收費標準」第 6 條）。

3、外國人持依親簽證來到台灣後，即可按照前面說明的程序申請居留證。需注意的是，外國人與台灣地區設有戶籍國民結婚，初次申請依親居留者，僅能申請 1 年效期之外僑居留證，且須由配偶陪同申請。

（二）藍領工作者

台灣社會通稱外籍移工或外勞，藍領工作者開始在台灣工作，可以追溯到 1992 年政府開放外籍看護工，隨後逐年放寬對移民與移工的限制，現今外籍移工在台灣工作的相關規定已行之有年，是以勞動部為主管機關，主要的法令規範是《就業服務法》。

由於外籍移工被視為是「補充性勞力」，台灣政府開放

引進移工大多是從事體力的工作較多；因此，在不影響台灣人民就業機會的前提下，對於台灣社會所缺乏的勞工，採取補充性、限業限量開放引進外籍移工，以維繫產業營運及協助家庭照顧。

　　台灣目前開放的外籍移工類別計有 7 大類，其申請來台的基本條件及各類別的申請資格，分別整理如表 26 及表 27。

表 26　外籍移工（藍領工作者）來台工之之類別及基本條件表

項目／條件	說明
開放類別	1. 家庭看護工。 2. 家庭幫傭。 3. 機構看護工。 4. 製造工作。 5. 營造工作。 6. 海洋漁撈工作。 7. 屠宰工作。
來台年齡	1. 移工來台年齡為 16 歲（含）以上。 2. 從事家庭外籍看護工及幫傭年齡須 20 歲（含）以上。
工作年限	1. 移工在台灣工作期間，累計不得超過 12 年（參考條文：《就業服務法》第 52 條）。 2. 外籍家庭看護工經專業訓練或自力學習而有特殊表現經許可者，且符合相關資格、條件者，得檢具申請書等規定文件申請延長工作年限至 14 年。

資料來源：作者整理製表

表 27　七大類別外籍移工申請資格表

一、家庭看護工 在家庭從事身心障礙者或病患之日常生活照顧相關事務工作	
雇主（申請人）與被看護者的關係	1. 配偶。 2. 直系血親。 3. 3 親等內之旁系血親。 4. 繼父母、繼子女、配偶之父母或繼父母、子女或繼子女之配偶。 5. 祖父母與孫子女之配偶、繼祖父母與孫子女、繼祖父母與孫子女之配偶。
被看護者的資格	■資格一 被看護者至公告指定之「申請聘僱家庭外籍看護工評估醫院」進行專業評估，經指定醫院所開具之診斷證明書且醫療團隊評估結果符合下列情形之一： 1. 被看護者年齡未滿 80 歲，有全日照護需要。 2. 被看護者年齡滿 80 歲以上未滿 85 歲，有嚴重依賴照護需要或全日照顧需要。 3. 被看護者年齡滿 85 歲以上，有輕度以上依賴照護需要。 ■資格二 被看護者領有直轄市或縣（市）社政主管機關核發的身心障礙手冊，且符合： 1. 特定身心障礙重度或極重度等級項目之一。 2. 中央主管機關公告之身心障礙類別鑑定向定度。
備註：（特定身心障礙項目） 1、平衡機能障礙；2、智能障礙；3、植物人；4、失智症；5、自閉症；6、染色體異常；7、先天代謝異常；8、其他先天缺陷；9、精神病；10、肢體障礙（限運動神經元或巴金森氏症等二類疾病。但曾聘僱外籍家庭看護工者，不在此限。）；11、罕見疾病（限運動神經元疾病。但曾聘僱外籍家庭看護工者，不在此限。）；12、多重障礙（至少具有前 11 項身心障礙項目之一）。	

二、家庭幫傭	
在私人家庭從事房舍清理、食物烹調、家庭成員起居照料或其他與家事服務有關工作	
■資格一 家戶成員符合右列的條件	1. 申請招募或承接外國人時： 　（1）有 3 名以上之年齡 6 歲以下子女。 　（2）有 4 名以上之年齡 12 歲以下子女，且其中 2 名為年齡 6 歲以下。 2. 計算家戶成員的年齡，累計點數滿 16 點者（參考下列備註），雇主聘僱家庭幫傭工作者，1 戶以聘僱 1 人為限。
	備註： ・年齡未滿 1 歲：7.5 點。 ・年齡滿 90 歲以上：7 點。 ・年齡滿 1 歲至未滿 2 歲、年齡滿 80 歲至未滿 90 歲：6 點。 ・年齡滿 79 歲至未滿 80 歲：5 點。 ・年齡滿 2 歲至未滿 3 歲：4.5 點。 ・年齡滿 78 歲至未滿 79 歲：4 點。 ・年齡滿 3 歲至未滿 4 歲、年齡滿 77 歲至未滿 78 歲：3 點。 ・年齡滿 4 歲至未滿 5 歲、年齡滿 76 歲至未滿 77 歲：2 點。 ・年齡滿 5 歲至未滿 6 歲、年齡滿 75 歲至未滿 76 歲：1 點。 ・年齡滿 6 歲至未滿 75 歲：不計點。
■資格二 外國人來台灣投資或工作符合右列資格	符合下列備註的年度薪資或當年薪資條件，且年薪新台幣 200 萬元以上或月薪新台幣 15 萬元以上，且於入國工作前於國外聘僱同一名外籍幫傭，得聘僱該名外國人從事家庭幫傭工作。
	備註： 1. 公司所聘僱總經理級以上之外籍人員（外資金額在新台幣 1 億元以上或上年度營業額在新台幣 5 億元以上）。

	2. 公司所聘僱各部門主管級以上之外籍人員（外資金額在新台幣 2 億元以上或上年度營業額在新台幣 10 億元以上）。 3. 公司、財團法人、社團法人或國際非政府組織主管級以上之外籍人員（在台灣繳納綜合所得稅上年度薪資所得新台幣 300 萬元以上或當年度月薪新台幣 25 萬元）。

三、機構看護工工作
在下列之機構或醫院從事被收容之身心障礙者或病患之日常生活照顧等相關事務工作。

雇主資格	1. 收容養護中度以上身心障礙者、精神病患及失智症患者之長期照顧機構、養護機構、安養機構或財團法人社會福利機構（以各機構實際收容人數每 3 人聘僱 1 人，申請外國人人數，合計不得超過本國看護工之人數）。 2. 護理之家機構、慢性醫院或設有慢性病床、呼吸照護病床之綜合、專科等醫院。 3. 依長期照顧服務法設立之機構住宿式服務類長期照顧服務機構（以其依法登記之床位數每 5 床聘僱 1 人。申請外國人人數，合計不得超過本國看護工之人數）。
備註：本國看護工的人數計算，以申請招募許可當日參加勞工保險人數為準。	

四、製造工作
直接從事製造業產品製造或與其有關之體力工作

雇主資格	1. 特定製程案件：符合勞動部規定之特定製程（即 3K 製程）及其關聯行業的製造業者。 2. 國內新增投資案件：製造業者符合勞動部規定之特定製程及其關聯行業，並於 102 年 3 月 13 日至 103 年 12 月 31 日期間內新設立廠場，且取得工廠設立登記證明文件者。

	3. 台商回台新增投資案件：製造業者赴海外地區投資 2 年以上，符合勞動部規定的特定製程及其關聯行業，並經經濟部工業局核發台商資格認定文件後 3 年內完成新設立廠場，取得工廠設立登記證明文件，且投資金額與預估聘僱國內勞工人數達下列條件之一： （1）條件一：高科技產業之製造業投資金額達新台幣 5 億元以上，或其他產業之製造業投資金額達新台幣 1 億元以上。 （2）條件二：新增投資計畫書預估工廠設立登記證明核發之日起，1 年內聘僱國內勞工人數達 100 人以上。

五、營造工作	
在營造工地或相關場所直接從事營造工作或與其有關之體力工作	
■雇主資格—勞動部專案核定，且工程主辦機關收取投標單期間或簽訂工程契約在 90 年 5 月 16 日後之重大工程。專案核定之資格條件符合右列之一：	1. 由民間機構擔任雇主者：經中央目的事業主管機關認定之民間機構投資重大經建工程，其計畫工程總經費達新台幣 100 億元以上，且計畫期程達 1 年 6 個月以上。 2. 由與民間機構訂有書面契約之個別工程得標業者擔任雇主者：符合前面所訂的民間計畫工程，其個別營造工程契約總金額應達新台幣 10 億元以上，且契約工程期限達 1 年 6 個月以上。 3. 由與政府機關訂有書面契約之得標業者擔任雇主者：承建屬政府機關或公營事業機構發包興建之重要建設工程，其計畫或方案總經費經中央目的事業主管機關核定達新台幣 100 億元以上，且其個別營造工程契約總金額應達新台幣 10 億元以上，契約工程期限達 1 年 6 個月以上。 4. 依促進民間參與公共建設法興建之政府計畫工程，應由與政府機關訂有書面契約之民間機構依前項規定辦理。

■雇主資格二 符合右列承建工程主辦機關收取投標單期間或簽訂工程契約在90年5月16日前的重大工程	1. 行政院列管12項建設之重大公共工程或經行政院核定為國家重大濟建設，其工程總金額在新台幣1億元以上。 2. 除行政院列管12建設以外，由政府機關發包興建之工程，其工程總金額在新台幣2億元以上，且工期達547日曆天以上。 3. 經中央目的事業主管機關專案核准民間投資興建之公用事業工程，其工程總金額在新台幣2億元以上，且工期達547日曆天以上。 4. 經政府機關核准獎勵民間投資興建之工程或經主管機關核定民間機構參與重大公共建設，其獎勵興建工程之範圍或重大公共建設範圍總金額在新台幣2億元以上，且工期達547日曆天以上。 5. 符合前面各項工程資格其附屬之非屬土木建築工程，其工程總金額在新台幣5,000萬元以上，且工期達547日曆天以上。 6. 公、私立學校或醫療機構興建工程，其工程總金額在新台幣1億5,000萬元以上，且工期達547日曆天以上。 7. 公、私立社會福利機構興建工程，其工程總金額在新台幣1億元以上，且工期達547日曆天以上。 8. 製造業重大投資案件廠房興建工程。

六、海洋漁撈工
從事漁船普通船員、箱網養殖或與其有關之體力工作

雇主資格	1. 總噸位20噸以上之漁船所有人，並領有目的事業或主管機關核發之漁業執照。 2. 總噸位未滿20噸之動力漁船所有人，並領有目的事業或主管機關核發之小船執照及漁業執照。 3. 領有目的事業或主管機關核發之箱網養殖漁業區劃漁業權執照，或專用漁業權人出具之箱網養殖入漁證明。

七、屠宰工 直接從事屠宰工作或與其有關之體力工作	
雇主資格	經行政院農業委員會認定符合依《畜牧法》第30條第1項規定，取得屠宰場登記證書之屠宰場。

資料來源：作者整理製表

符合以上資格的雇主可自行（或透過仲介公司）至「移工申請案件網路線上申辦系統」（網址：https：//fwapply.wda.gov.tw/）向勞發署提出申請，經審核同意後，由勞發署發給雇主招募許可函，此時雇主即可挑選合適的外籍移工，並向外交部申辦居留簽證來台，外籍移工入台後，需於15天內向移民署申辦外僑居留證並按捺指紋，再向勞發署辦理聘僱許可，取得聘僱許可公文。

外籍移工的居留證申請如同前面提到的，可以由本人或是受託人向居留地的移民署服務站申請，實務上普遍都是由仲介公司或雇主申請，考量仲介公司往往一次代辦多位移工之外僑居留證，因此移民署也特別設計「集體申請表」，便利申請程序。

此外，要特別注意，外籍移工來台如果沒有在15日內申辦外僑居留證，將會被裁罰新台幣2,000到10,000元的罰鍰，另外若有延期的需求，也應於居留效期屆滿前30日內申辦。仲介業者也可以到移民署「外籍移工線上申辦系統」（網址：https：//coa.immigration.gov.tw/coa-frontend/

foreign-labor）辦理相關手續及外籍移工個人資料異動。相關說明整理如表 28。

表 28　外籍移工（藍領工作者）申辦內僑居留證應備文件及注意事項表

項目／條件	說明
應備文件	1. 護照、居留簽證正本。 2. 公司所聘僱各部門主管級以上之外籍人員（外資金額在新台幣 2 億元以上或上年度營業額在新台幣 10 億元以上）。
申辦時間	10 天（且必須憑繳款收據領取外僑居留證）。
申辦費用	辦理 1 年期需要新台幣 1,000 元（申辦展延 6 個月也是以 1,000 元計）。
展延報備	1. 勞動部收文證明。 2. 護照、居留證影本。 3. 在職證明。 4. 委託書。

資料來源：作者整理製表

（三）白領工作者

　　白領工作者的類別在本書第一篇已有詳細介紹，外國人符合白領工作者資格者，雇主可用書面或至「外國專業人員工作許可申辦網」（網址：https：//ezwp.wda.gov.tw/）向勞發署提出申請，經審核通過，即可取得聘僱許可函，向台灣駐外館處申請居留簽證，就可以用應聘工作者的事由，向移民署服務站申辦外僑居留證。圖 7 與圖 8 為本書整理之申請

聘僱許可函的流程，供讀者參考。

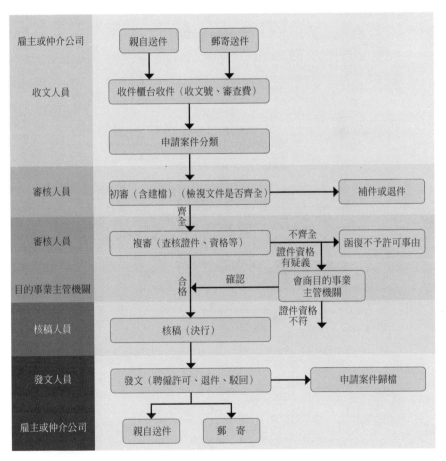

資料來源：勞發署外國人在台工作服務網

圖 7　聘僱外國專業人員書面送件流程圖

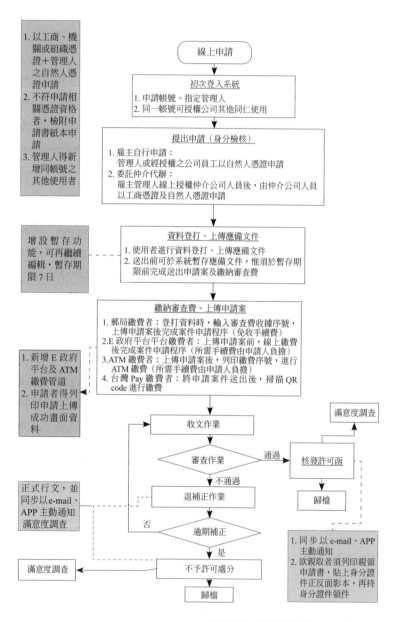

資料來源：勞發署外國人在台工作服務網

圖 8　聘僱外國專業人員網路傳輸申辦流程圖

（四）就業金卡

　　為了吸引優秀的外國及港澳人才來台工作，外國特定專業人才來台灣從事專業工作，可以向移民署申請核發具「工作許可」、「居留簽證」、「外僑居留證」及「重入國許可」四證合一的就業金卡。該卡由移民署負責收件，會同勞動部及外交部審查，有效期間是 1 至 3 年，原則上不超過勞動部許可外國人在台工作的期間。有關外國人申請就業金卡的條件及應備文件，本書整理如表 29，提供讀者參考。

表 29　外國人申請就業金卡資格及應備文件表

項目／條件	說明
到哪裡辦	至移民署「外國專業人才申辦窗口平台」（以下簡稱專業人才申辦平台）系統，使用帳號或憑證登入，申請就業金卡。 網址： https：//coa.immigration.gov.tw/coa-frontend/four-in-one/entry/
誰可以辦	依據《外國專業人才延攬及僱用法》第 8 條規定，申請在我國從事專業工作者，須經由中央目的事業主管機關認定，共計有 8 大專業領域，分別列舉如下： 1. 科技領域（科技部） 2. 經濟領域（經濟部） 3. 教育領域（教育部） 4. 文化、藝術領域（文化部） 5. 體育領域（教育部） 6. 金融領域（金融監督管理委員會） 7. 法律領域（法務部）

項目／條件	說明	
	8. 建築設計領域（內政部） （國家發展委員會連結中央目的事業主管機關8大專業領域認定標準網址：http：//www.ndc.gov.tw）	
要帶什麼	1. 檢附下列文件之彩色掃描電子檔： （1）所餘效期6個月以上之護照。 （2）最近6個月內所拍攝之2吋半身脫帽彩色照片（同我國國民身分證照片規格）。 （3）經中央目的事業主管機關公告之外國特定專業人才資格認定文件。 （4）其他申請居留簽證、外僑居留證及重入國許可時之應備文件。 2. 外國特定專業人才由中央目的事業主管機關推薦申請就業金卡者，前款申請文件得以書面方式為之。 3. 個人資料異動時應備文件：護照、就業金卡、異動證明文件（視須異動資料檢附相關證明，如更新後護照、滅失、遺失補發者須檢附具結書或報案證明）及最近6個月內所拍攝之2吋半身脫帽彩色照片（同我國國民身分證照片規格）。	
申辦時間	30個工作天內（自完成線上申請作業之日起算，不含例假日）	
申辦費用	外國人未入國申請	1. 特別處理費徵收對象，應收取特別處理費及下列費額： 1年效期，每件新台幣1,500元； 2年效期，每件新台幣2,500元； 3年效期，每件新台幣3,500元。 2. 上述以外之申請人： 1年效期，每件新台幣3,700元； 2年效期，每件新台幣4,700元； 3年效期，每件新台幣5,700元。

項目／條件	說明
外國人以免簽證、持停留期限未滿 60 日簽證或持停留期限 60 日以上，經簽證機關加註限制不准延期或其他限制簽證入國後申請	1. 特別處理費徵收對象，應收取特別處理費及下列費額： 1 年效期，每件新台幣 2,300 元； 2 年效期，每件新台幣 3,300 元； 3 年效期，每件新台幣 4,300 元。 2. 上述以外申請人： 1 年效期，每件新台幣 4,500 元； 2 年效期，每件新台幣 5,500 元； 3 年效期，每件新台幣 6,500 元。
外國人持停留期限 60 日以上且未經簽證機關加註限制不准延期或其他限制簽證入國後申請	1 年效期，每件新台幣 3,700 元； 2 年效期，每件新台幣 4,700 元； 3 年效期，每件新台幣 5,700 元。
外國人持有效外僑居留證或其他具有外僑居留證功能之證件者欲轉換申請	1 年效期，每件新台幣 1,500 元； 2 年效期，每件新台幣 2,500 元； 3 年效期，每件新台幣 3,500 元。
就業金卡污損、滅失、遺失或資料變更申請補發，應於事實發生日起 30 日內於外國專業人才申辦窗口平台申請補發就業金卡	500 元（須重新製證）

資料來源：移民署官方網站，作者整理製表

第 5 章　外國人來台永久居留與投資移民

一、永久居留證與梅花卡

　　台灣核發的永久居留證可以分為 2 類，分別是「一般外僑永久居留證」與「外僑永久居留證（梅花卡）」，兩者卡片樣式相同，外觀上的差別在於梅花卡上多了一朵梅花標記，而這朵梅花則象徵外國人對台灣有著特殊貢獻的殊榮。除此之外，兩種永久居留證的申請程序、資格及證件均有所不同，本書接下來將進一步說明之；而有關「投資移民」的申請程序、文件等資格事項，亦一併說明，讓讀者對永久居留更加認識。

（一）一般外僑永久居留證

　　外國人在台灣合法居留一定期間後，就可以由本人或委託他人向居留地的移民署服務站申請永久居留證，如果申請人在國外地區、香港或澳門，則所附給委託人的委託書就必須經過台灣駐外館處驗證。

　　移民署服務站在受理申請案件後，會先經過初步審查，

再把案件轉到移民署本部的業務單位（移民事務組）複審，經過審查許可後，就會核發外僑永久居留證。以下將外國人申辦一般外僑永久居留證的重要資訊整理成表 30，讓讀者較容易理解。

表 30　外國人申請一般永久居留證資格及應備文件表

項目／條件	說明
申請資格	1. 外國人應於台灣合法連續居留 5 年，每年居住超過 183 日，並在居留期滿之日起 2 年內申請，並符合以下條件： （1）18 歲以上。 （2）品行端正。 （3）有相當之財產或技能，足以自立。 （4）符合我國國家利益。 2. 居住台灣地區設有戶籍之國民之外國籍配偶、子女在台灣合法居留 10 年以上，其中有 5 年每年居留超過 183 日，也符合申請資格，但同樣要在居留期滿 2 年內提出申請。
應備文件 （以下還有更詳細的部分文件補充說明表格）	1. 外僑永久居留申請書。 2. 彩色照片 1 張（同身分證規格）。 3. 新、舊護照正本、影本 1 份（正本驗畢發還）。 4. 外僑居留證正本、影本 1 份（正本驗畢發還）。 5. 健康檢查合格證明 1 份（健康檢查表須使用衛生福利部公告版本）。 6. 財產或特殊藝能證明 1 份（請參考下表）。 7. 最近 5 年之本國及我國警察紀錄證明書 1 份。 8. 其他相關證明文件。
申辦期間	14 天（不含補件、面談或函請相關機關查證之時間）

申辦費用	新台幣 10,000 元整。
注意事項	1. 外國人兼具有中華民國國籍者，不得申請永久居留。 2. 持證人自發證後第 2 年起，每年居住不足 183 日者，將註銷永久居留證。但經主管機關同意者，不在此限（有關「年」之計算，自永久居留證發證後翌年起之 1 月 1 日開始計算）；另經註銷外僑居留證，仍具有居留資格者，得於註銷後 30 日內申請居留。

外國人申請一般外僑永久居留證之應備文件補充說明	
應備文件	**補充說明**
財產或特殊藝能證明	1. 以台灣國人配偶申請永久居留者，可以檢具下列文件之一，並由移民署認定： （1）國內之收入、納稅、動產或不動產資料。 （2）雇主開立之聘僱證明或申請人自行以書面敘明其工作內容及所得。 （3）我國政府機關核發之專門職業及技術人員或技能檢定證明文件。 （4）其他足資證明足以自立或生活保障無虞之資料。 2. 其他申請永久居留者，應具備下列情形之一： （1）最近 1 年（指申請當年之前一年）於國內平均每月收入逾行政院勞工委員工公告基本工資 2 倍者。 （2）國內動產及不動產估價超過新台幣 500 萬元。 （3）我國政府機關核發之專門職業及技術人員或技能檢定證明文件。 （4）其他經移民署認定者。

警察刑事紀錄證明	1. 最近 5 年內之台灣警察刑事紀錄證明正本，且 3 個月內有效。
	2. 最近 5 年內之外國人本國警察刑事紀錄證明正本，且 6 個月內有效，另必須提供「中文譯本」，並選擇且完成下面一項程序：
	（1）當事國核發之外文警察刑事紀錄證明正本及中文譯本，均經台灣駐外館處完成驗證手續（必要時，得送請外交部複驗）。
	（2）僅當事國核發之外文警察刑事紀錄證明正本經台灣駐外管處驗證（必要時，得送請外交部複驗），其中文譯本須再由台灣法院公證或民間公證人認證。
	（3）當事國駐華使領館或機構所核發（或驗證）之外文警察刑事紀錄證明，正本應經外交部複驗，其中文譯本須經台灣法院公證或民間公證人認證。
	（4）本國警察刑事紀錄證明書應屬申請人居住國之全國性紀錄，例如：美國公民之本國警察刑事紀錄證明，須由 FBI（聯邦調查局）單位所核發。
其他相關證明文件 （根據居留事由不同而有所差異，若個案特殊狀況，會另行要求檢附其他證明文件）	依親　親屬關係證明
	應聘　1. 工作核准函 　　　2. 1 個月內之在職證明
	傳教　1. 宗教團體出具之保證書： 　　　　（1）註明該僑擔任之工作為全職、無給職。 　　　　（2）保證並負責該僑獲得永久居留後在台生活無虞。 　　　2. 該宗教團體之內政部許可證書或法人登記書。 　　　3. 該宗教團體核發之在職證明。

	投資	1. 商業登記證明文件：如商業登記之核准函、商業登記抄本。 2. 股東名冊。 3. 公司變更事項登記卡。 4. 經濟部投審會函。
注意事項		1. 外國人於合法連續居留 5 年期間，每次出國在 3 個月以內者，得免附健康檢查合格證明及本國警察紀錄證明書。 2. 其他相關證明文件，如入出國日期證明書、外國人回溯每年在我國合法居住日數統計表、外國人符合合格居留（住）期間及每年居住日數聲明書等，由移民署各縣市服務站提供。

資料來源：作者整理製表

（二）外僑永久居留證（梅花卡）

有別於先前介紹的一般外僑永久居留證，外國人申請梅花卡是不受在台居留期間的限制，只要外國人本身對台灣有特殊貢獻，或是國內所需之高級專業人才，就可以立即申請梅花卡，這也是台灣政府提供的一項優惠及攬才的政策。

申請梅花卡也是要向移民署服務站遞件經過初審後，再轉送移民署本部業務單位（移民事務組），依據當事人申請的要件，再函轉相關中央政府機關審查並提供審核意見後，納入「內政部入出國及移民案件審查會」審核，經審核通過後，才會核發此類外僑永久居留證。

梅花卡的申請程序及審查條件比較嚴格，以下將申請對象及相關的條件整理成表 31 與表 32。

表 31　外國人申請梅花卡（永久居留）資格條件一覽表

申請資格	具備條件
對台灣有特殊貢獻	1. 曾獲部會級以上政府機關獎章。 2. 曾獲國際性組織頒授獎章或參加國際性比賽獲得前 5 名，有助於提昇我國國內相關技術與人才培育。 3. 對我國民主、人權、宗教、教育、文化、藝術、經濟、金融、醫學、體育、及其他領域，具有卓越貢獻。 4. 有助於提高我國國際形象。 5. 其他有殊勳於我國。
為台灣所需之高級專業人才	1. 在新興工業、關鍵技術、關鍵零組件及產品有專業技能。 2. 在特殊技術或科技機構之科技研發，具有獨到之才能，為國內外少見或在奈米及微機電技術、光電技術、資訊及通訊技術、自動化系統整合技術、材料應用技術、高精密感測技術、生物科技、資源開發或能源節約技術及尖端基礎研究等著有成績，而所學確為我國所亟需或短期內不易培育。 3. 在管理工作上，具有獨到之才能，為國內外少見或在公路、高速鐵路、捷運系統、電信、飛航、航運、深水建設、氣象或地震等領域有特殊成就，而所學確為我國所亟需或短期內不易培育。 4. 在科學、研究、工業、商業及教學等方面具有特殊能力，足以對我國經濟、產業、教育或福利發揮實質效用，且現已因其專業技能應聘在台居留。 5. 現任或曾任國外大學講座教授、教授、副教授、助理教授，或研究機構之研究員、副研究員及助理研究員，且現受聘於我國教育、學術或研究機構；獲有博士學位，曾獲國際學術獎或重要專門著作或於研究機構從事研究工作或科技機構從事科技研發或管理工作 4 年以上，且現受聘於我國教育、學術或研究機構。

申請資格	具備條件
	6. 在產業技術上有傑出成就且獲國際認可，其研究開發之產業技術，能實際促進台灣地區產業升級。 7. 曾獲得奧林匹克運動會或世界盃前 3 名、各洲際運動會第 1 名；曾任各國家代表隊教練，經其訓練之選手曾獲得奧林匹克運動會或世界盃前 5 名、各洲際運動會前 3 名，或具其他特殊賽事績效而有助提昇我國家運動選手競技實力。 8. 其他經中央目的事業主管機關推薦。
專業領域評鑑得有首獎	在文化、藝術、科技、體育、產業等各專業領域，參加國際公認之比賽、競技、評鑑得有首獎者。
投資移民	1. 外國人在我國投資金額在新台幣 1,500 萬元以上之營利事業，並創造 5 人以上之本國人就業機會滿 3 年。 2. 外國人投資中央政府公債面額新台幣 3,000 萬元以上滿 3 年。

資料來源：作者整理製表

表 32　外國人申請梅花卡（永久居留）須知事項及應備文件表

項目／條件	說明
申請地點	1. 申請人在台灣地區者：由本人或委託他人、移民業務機構向居留（住）地之移民署服務站申請。 2. 申請人在海外地區者：向我駐外館處提出申請，由駐外館處核轉移民署辦理。 3. 申請人在香港或澳門者：向香港或澳門臺北經濟文化辦事處提出申請，核轉移民署辦理。

項目／條件	說明
	4. 申請人在大陸地區者：向兩岸條例規範之機構或受委託之民間團體在大陸地區設立之分支機構提出申請，核轉移民署辦理；無分支機構者，應由本人在台灣地區之親屬或配偶或其等委託之移民業務機構、甲種以上旅行社代向移民署申請。
共同應備文件	1. 申請表： （1）至移民署服務站索取申請表或自移民署網站下載並以 A4 紙張列印。 （2）於申請表黏貼彩色照片 1 張（同國民身分證規格）。 2. 護照正本及影本各 1 份（正本驗畢歸還）。 3. 健康檢查合格證明： （1）檢附國內醫院最近 3 個月內之健康檢查合格證明，應使用衛生福利部公告目前國內各大醫療院所使用之健康檢查證明應檢查項目表。 （2）得於內政部入出國及移民案件審查會審核通過後，入國補驗。 （3）在國外檢驗者須經駐外館處驗證；檢查項目不完整者，須在國內補驗未檢驗之項目。
其他應備文件	1. 經中央目的事業主管機關或經認可機構核發證明文件：指政府機關核發之證明、聘僱許可函、學術機構出具之證明等文件；或在科學、研究、產業、工業及商業等方面有傑出成就或具有特殊能力等之認可證明文件。 2. 符合對我國有特殊貢獻之相關證明文件：指能證明自身對國家、社會之貢獻程度，如經報章、雜誌等之報導資料或政府機關出具之證明文件，顯示對國家、社會及其他領域有正面之貢獻事蹟。

項目／條件	說明
	3. 為我國所需之高級專業人才之相關證明文件：指能證明自身之專業資料，如專業技能證明、研發專利證明、相關專業之著作證明或資格證明（如講座教授、教授、副教授或助理教授之證書）。 4. 其他證明文件：指畢業證書、聘書及推薦函等。
申辦費用	1.「對我國有特殊貢獻」及「為我國所需之高級專業人才」：免費。 2. 投資移民申請永久居留：新台幣 10,000 元。
小叮嚀	1. 依規定應檢附之文件係在國外製作者，應經駐外館處驗證；其在國內由外國駐華使領館或授權機構製作者，應經外交部複驗；在大陸地區製作者，應經財團法人海峽交流基金會驗證。 2. 依規定應檢附之文件為外文者，移民署得要求申請人檢附經駐外館處驗證或國內公證人認證之中文譯本；申請人未檢附，經通知限期補正，屆期未補正者不予受理。

資料來源：作者整理製表

二、外國人申請投資移民的資格要件

外國人申請來台「投資移民」的第一步必須要提出投資申請，其投資項目不同，受理機關也不同（參考表33），外國人來投資的申請及審理流程，本書在第一篇已先介紹（參閱第一篇申請對國外從事投資案件審理作業流程圖），此處主要是要介紹外國人在獲准投資後，如何申請來台居留。

表 33　外國人來台投資項目及受理機關一覽表

投資項目	受理機關	說明
外國公司申請投資設立台灣分公司	經濟部中部辦公室	申請外國公司認許及分公司設立登記
外國人或華僑申請投資新設或投資國內現有公司或商號	經濟部投資審議委員會	1. 投資公司所在地位於科學工業園區、加工出口區以外之國內非上市（上櫃或興櫃）公司、獨資或合夥事業，或單次取得非區內之國內上市（上櫃或興櫃）公司 10% 以上股權案件。 2. 因外國公司與國內上市（上櫃或興櫃）公司進行跨國併購取得國內上市（上櫃或興櫃）公司股權。
	科學工業園區管理局及加工出口區管理處	投資公司所在地位於科學工業園區、加工出口區內之國內非上市、上櫃或興櫃公司，或單次取得區內上市、上櫃或興櫃公司 10% 以上股權案件。
	金融監督管理委員會	單次投資取得國內上市（上櫃或興櫃）公司未達 10% 股權，應依華僑及外國人投資證券管理辦法辦理。

資料來源：作者整理製表

　　外國人只要在台獲准投資且實行，就可以申請梅花卡，在台永久居留，但其在台投資仍要符合一定的條件，並備妥相關文件，向移民署提出申請，本書將相關的投資資格及應

備文件整理如表 34。

表 34　外國人申請投資移民資格及應備文件表

	申請資格	應備文件
類型	外國人在台灣投資金額在新台幣 1,500 萬元以上之營利事業，並創造 5 人以上之本國人就業機會滿 3 年	1. 經濟部投資審議委員會、科學園區或加工出口區投資許可函及備查函。 2. 公司變更登記表。 3. 最近 3 年經營營利事業之未欠稅證明及財務報表。 4. 投資既存營利事業者應附最近 4 年之員工名冊。 5. 最近 3 年參加勞工保險之員工名冊。 6. 其他證明文件。
	外國人投資中央政府公債面額新台幣 3,000 萬元以上滿 3 年	1. 購買中央政府公債證明文件。 2. 其他證明文件。
備註	提出申請時，當事人的外僑居留證應仍為有效，居留日數得不受每年 183 日之限制。	

資料來源：作者整理製表

第 6 章　外國人想在台灣落地生根嗎？ 那就辦理歸化吧！

　　外國人要成為「正港的台灣人」，也就是要拿到中華民國身分證，只能選擇辦理「歸化」。所謂的「歸化」，是指非本國人依據所居住國家的法律規定，自願變成該國的公民或取得該國家國籍的過程，外國人在歸化取得中華民國國籍後，就可以用台灣地區無戶籍國民的身分，在台灣申請定居。居留和永久居留的外國人，是不能申請定居取得中華民國身分證的。

☞小常識：什麼是「台灣地區無戶籍國民」

　　依據《入出國及移民法》的規定，台灣地區無戶籍國民是指未曾在台灣地區設有戶籍之僑居國外國民及取得、回復我國國籍尚未在台灣地區設有戶籍國民。簡單的說，就是具有中華民國國籍，但是沒有在台灣的戶政事務所辦理戶籍登記的人。

什麼樣的人會具有中華民國國籍呢？

這就要來看看《國籍法》的規定了，以下的 4 種對象，都是屬於中華民國國籍：

1. 出生時父或母為中華民國國民。

2. 出生於父或母死亡後，其父或母死亡時為中華民國國民。

3. 出生於中華民國領域內，父母均無可考，或均無國籍者。

4. 歸化者。

一、外國人的歸化

台灣因為地狹人稠、資源有限，為免外來人口增長，進而衝擊社會福利資源分配，長期以來都是採單一國籍政策，外國人如果想要成為台灣人，原則上在取得中華民國國籍的同時，就必須放棄原有國籍。而隨著全球化的發展趨勢，各國為了提升國家競爭力，無不極力延攬優秀外國籍人才，而台灣在這一方面也不落人後，並在 2017 年修改並放寬《國籍法》部分條文，規定對台灣有特殊功勳及有利益之高級專業人才，在辦理歸化時可以不用喪失原有國籍。

接下來我們將會把歸化程序的介紹分為「一般歸化的申

請」、「喪失原有國籍的注意事項」與「不用放棄原有國籍的殊勳歸化」3 個部分，分別說明之。

（一）一般歸化的申請

　　要申請歸化的外國人，首要條件即是現於台灣領域內有住所，才能申請自願歸化，並且由本人親自向住所地戶政事務所申請，再由直轄市、縣（市）政府轉審核，最後由內政部許可。本書已將外國人申請一般歸化的條件和應備文件整理成表 35，提供讀者參考。

表 35　外國人申請一般歸化條件及應備文件表

項目／條件	說明
歸化條件	1. 於台灣領域內，每年合計有 183 日以上合法居留之事實繼續 5 年以上。 2. 成年並依台灣法律及其本國法均有行為能力。 3. 無不良素行，且無警察刑事紀錄證明之刑事案件紀錄。 4. 有相當之財產或專業技能，足以自立，或生活保障無虞。 5. 備台灣基本語言能力及國民權利義務基本常識。 6. 外國人為台灣人民配偶，每年合計有 183 日以上合法居留之事實繼續 3 年以上，並符合上列 2、3、5 款條件，即可申請。

項目／條件		說明
應備文件	1. 合法有效之外僑居留證或外僑永久居留證	向居留地之移民署服務站申請，居留期限屆滿前 30 日內，請先申請延長居留期限。
	2. 外國人居留證明書（由戶政機關代查）	1. 自申請歸化時，往前推算須符合每年合計有 183 日以上合法居留之事實連續且不中斷 5 年以上，逾期居留期間未達 30 日者，視為居留期間連續不中斷，但不列入合法居留日數之計算。 2. 下列事由之一為居留原因者（依親對象），其居留期間亦不列入合法居留期間之計算： （1）經勞動部許可從事《就業服務法》第 46 條第 1 項第 8 款至第 10 款規定之工作。 （2）在台灣地區就學。 （3）經有關機關請求移民署禁止其出國。 （4）喪失原國籍，尚未取得台灣國籍，等待回復原國籍。 （5）因發生勞資爭議正在進行爭訟程序。 （6）因職業災害需接受治療。 （7）為刑事案件之被害人、證人。

項目／條件	說明
3. 原屬國政府核發之警察紀錄證明或其他相關證明文件	1. 向原屬國政府申請，核發日期須在申請日前 6 個月內，原屬國政府核發日期以後，申請人入境有再出境相當時日，經主管機關認有疑慮者，得請當事人繳交出境期間無犯罪紀錄證明。 2. 申請人為國人配偶，已取得外僑永久居留證，或其外僑居留證居留事由載明為「依親（夫或妻）」者得免附。 3. 申請人曾為國人配偶，其婚姻關係消滅後，無出境者得免附。
4. 相當之財產或專業技能，足以自立，或生活保障無虞之證明（已取得外僑永久居留證者得免附）	1. 最近 1 年於國內平均每月收入逾勞動部公告基本工資 2 倍證明（例如最近 1 年度各類所得扣繳暨免扣繳憑單、納稅證明書、雇主開立聘僱期間載明薪資所得及轉帳薪資資料證明或其他相關證明文件）。 2. 國內之動產及不動產估價總值逾新台幣 500 萬元。 3. 台灣政府機關核發之專門職業及技術人員或技能檢定證明文件（若屬在台灣地區配偶、配偶之父母或父母之一所有者，該等人員並應出具足以保障申請人在國內生活無虞之擔保證明書）。 ＊金額之計算，包含在國內設有戶籍之配偶、配偶之父母或父母之收入或財產。

項目／條件	說明
5. 具備歸化取得我國國籍者基本語言能力及國民權利義務基本常識證明文件	1. 曾就讀國內公私立各級各類學校1年以上之證明。 2. 曾參加台灣政府機關所開設之課程上課總時數或累計時數達200小時以上之證明；若為「為台灣國民配偶，因受家庭暴力離婚且未再婚，或其配偶死亡後未再婚且有事實足認與其亡故配偶之親屬仍有往來，但與其亡故配偶婚姻關係已存續2年以上者，不受與親屬仍有往來之限制」、「對無行為能力、或限制行為能力之中華民國國籍子女，有扶養事實、行使負擔權利義務或會面交往」或年滿65歲以上者，則為72小時以上。 3. 參加歸化取得台灣國籍者基本語言能力及國民權利義務基本常識測試之合格證明，70分以上；若為「為台灣國民配偶，因受家庭暴力離婚且未再婚，或其配偶死亡後未再婚且有事實足認與其亡故配偶之親屬仍有往來，但與其亡故配偶婚姻關係已存續2年以上者，不受與親屬仍有往來之限制」、「對無行為能力、或限制行為能力之中華民國國籍子女，有扶養事實、行使負擔權利義務或會面交往」者，60分以上，年滿65歲以上者，50分以上（曾參加歸化測試者得免附成績單，由戶政機關代查）。

項目／條件	說明
其他注意事項	
1. 最近 2 年內所拍攝正面彩色脫帽相片 1 張（同國民身分證相片規格，背面書寫姓名）。 2. 證書費新台幣 1,200 元。 3. 應繳證件係在國外作成者，應經台灣駐外館處驗證及外交部複驗；其在國內由外國駐台灣使領館或授權機構製作者，應經外交部驗證。文件為外文者，應檢附經駐外館處驗證及外交部複驗或國內公證人認證之中文譯本。 4. 依姓名條例規定，外國人、無國籍人申請歸化台灣國籍者，取用中文姓名，應符合台灣使用姓名之習慣。取用中文姓名，應依下列方式為之：姓氏在前，名字在後。但無姓氏者，得登記名字；中文姓氏與名字之間不得以空格或符號區隔。	

資料來源：作者整理製表

（二）外國人喪失原有國籍的注意事項

外國人在完成一般歸化的申請程序後，接下來即要申請喪失國籍，在成為「無戶籍國民」之後，才能接續在台灣申請居留、定居，這個過程可以視為一個過渡期，同樣也是成為台灣人之前的一個必經階段，相關注意事項整理如表36。

表 36 外國人申請喪失國籍須知項目表

項目／條件	說明
提出時間	外國人申請歸化，應於許可歸化之日起，或依原屬國法令須滿一定法定年齡始得喪失原有國籍者自滿一定年齡之日起，1 年內提出喪失原有國籍證明。
未提出之處置	1. 屆期未提出者，經外交部查證因原屬國法律或行政程序限制屬實，得申請展延時限外，內政部將撤銷歸化許可，另未依規定提出喪失原有國籍證明前，不予許可定居。 2. 因非可歸責於當事人之事由，致無法取得喪失原有國籍證明，由外交機關出具查證屬實之文書正本。
無國籍人之作法	檢附移民署核發載有「無國籍」之外僑（永久）居留證外，並請檢附其他身分證明文件，如外國政府核發載明無國籍之旅行身分證件正本或其他經內政部認定之無國籍證明文件。

資料來源：作者整理製表

（三）不用放棄原有國籍的殊勳歸化

政府為了吸引優秀或對台灣有貢獻的外國人才，除了一般歸化之外，還有「殊勳歸化」的管道，此類歸化又可分為「有殊勳於台灣」與「為台灣所需之高級專業人才」，與一般歸化最大的不同處，此類申請歸化無須喪失原有國籍。本書將相關申請的要件整理如表 37，提供讀者參考。

表 37　外國人申請特殊歸化要件一覽表

項目／事由	申請要件
認定有殊勳於台灣	1. 曾依勳章條例授予勳章。 2. 對台灣民主、人權、宗教、內政、國防、外交、教育、文化、藝術、科技、經濟、金融、醫學、體育、農業、社會福利、醫療服務或其他領域事務，具有重大貢獻，曾獲部會級以上政府機關獎章、外國政府勳章或獎章。 3. 為馬偕計畫適用對象，對我國長期奉獻服務或具有特殊貢獻。 4. 創辦或服務於醫療、社會福利、社會教育等相關機構逾 20 年，並為政府資源不易到達之偏鄉地區長期提供服務、照護弱勢、 5. 教化輔導、精神援助，有功於我國社會，事蹟具體明確。 6. 有助於提高台灣國際能見度，提升國際形象，促進與他國之交流、合作，事蹟具體明確。 7. 其他對國家或社會有特殊貢獻。
台灣所需之高級專業人才	由中央目的事業主管機關推薦科技、經濟、教育、文化、藝術、體育及其他領域之高級專業人才，有助台灣利益，經內政部邀請社會公正人士及相關機關共同審核通過者。

資料來源：作者整理製表

二、成為無戶籍國民：居留與定居

　　申請人歸化取得中華民國國籍後，又依規定放棄原有國籍，在還沒在台灣設戶籍之前，也就成了「台灣地區無戶籍國民」，接下來就要以台灣地區無戶籍國民的身分向移民

署服務站申請居留，經許可後發給台灣地區居留證，並自移民署核准居留日起居住一定期間後（俗稱移民監），接著繼續向移民署服務站申請定居，經許可後就可以持憑「台灣地區定居證」，向預定申報戶籍地戶政事務所辦理初設戶籍登記，同時請領中華民國國民身分證。

歷經這些程序後，原本的外國人就能夠成為「正港的台灣人」那有關台灣地區無戶籍國民的居留與定居的注意事項，整理成表 38 與表 39，提供讀者參考。

表 38　歸化取得我國國籍之台灣地區無戶籍國民申請居留資格及應備件表

項目／條件	說明
誰可以辦	1. 放棄外國國籍而歸化取得我國國籍者（身分代碼 372）。 2.《入出國及移民法》於 1999 年 5 月 21 日施行前已入國之泰國、緬甸或印尼地區無國籍人民，未能強制其出國，業經移民署許可居留後，在國內取得國籍者（身分代碼 371）。 3. 1999 年 5 月 21 至 2008 年 12 月 31 日入國之無國籍人民，係經教育部或僑務委員會核准自泰國、緬甸地區回國就學或接受技術訓練，未能強制其出國，業經移民署許可居留後，在國內取得國籍者（身分代碼 392）。 4. 1999 年 5 月 21 日至 2008 年 12 月 31 日入國之印度或尼泊爾地區無國籍人民，未能強制其出國，且經蒙藏委員會認定其身分，業經移民署許可居留後，在國內取得國籍者（身分代碼 393）。
到哪裡辦	移民署各直轄市、縣（市）服務站

項目／條件	說明
要帶什麼	1. 申請書 1 份，並貼正面彩色脫帽相片 1 張（同國民身分證相片規格）。 2. 歸化國籍許可證書正本、影本 1 份（正本驗畢退還）。 3. 外僑居留證正本、影本 1 份（正本驗畢退還）。 4. 載有居留地址之證明文件，例如台灣國籍配偶辦妥結婚登記之戶口名簿或國民身分證正本、影本 1 份（正本驗畢退還）。 5. 證件費新台幣 1,000 元整。 6. 委託他人代為申請者，檢附委託書 1 份，並於代申請人簽章處，親筆簽名或蓋章。
申辦時間	7 天（不含收件日、例假日、補件及郵寄時間）。
申辦費用	證件費新台幣 1,000 元整。
備註	1. 資料不符或欠缺者，應於移民署書面通知送達之翌日起 15 日內補正。未於規定期限內補正者，移民署將駁回申請。 2. 移民署核發之台灣地區居留證已內含臨人字號入國許可，申請人於居留期間如有出國需求，要向領務局申請台灣護照始得持憑入出國境。

資料來源：作者整理製表

表 39　歸化取得我國國籍之台灣地區無戶籍國民申請定居資格及應備條件表

項目／條件	說明
誰可以辦	以「歸化取得我國國籍」事由取得居留許可之無戶籍國民，已在台灣地區連續居住 1 年，或居留滿 2 年且每年居住 270 日以上，或居留滿 5 年且每年居住 183 日以上。
到哪裡辦	移民署各直轄市、縣（市）服務站
要帶什麼	1. 定居申請書，並貼正面彩色脫帽相片 1 張（同國民身分證相片規格）。 2. 台灣地區居留證。

項目／條件	說明
要帶什麼	3. 仍具備原居留條件之證明文件。 4. 最近 3 個月內之健康檢查合格證明；未滿 6 歲者，得以預防接種證明替代。 5. 其他相關證明文件。 6. 委託書：委託他人代理申請者，應附委託書，並於代申請人簽章處，親筆簽名或蓋章。 7. 掛號回郵信封 1 只，並填妥收件人姓名、住址、郵遞區號及電話。 8. 大陸地區出生者，應另附經財團法人海峽交流基金會（以下簡稱海基會）驗證之未在大陸地區設有戶籍及領用大陸地區護照之證明文件。 9. 載有正確設籍地址之證明文件：指戶口名簿、國民身分證、房屋所有權狀、近期房屋稅單或租賃契約正、影本（5 者擇 1，正本驗畢退還）。但設籍地址與依親對象相同且已檢附其國民身分證（或戶口名簿）者，免附。
申辦時間	7 天（不含收件日、例假日、補件及郵寄時間）。
申辦費用	證件費新台幣 600 元整。
小叮嚀	1. 申請在台灣地區定居案件，應於連續居留或居留滿一定期間後 2 年內提出申請；其資料不符或欠缺者，應於移民署書面通知送達之翌日起 15 日內補正（申請資料須至國外申請或國外申請案件，補正期間為 3 個月）。未於規定期限內補正者，由移民署駁回其申請。 2. 居留期間依親對象死亡，或雖與依親對象離婚，但有未成年子女在台灣地區設有戶籍且得行使或負擔該子女之權利義務，並已在台灣地區連續居留或居留滿一定期間者，仍得申請在台灣地區定居。 3. 依規定應檢附之文件係在國外製作者，應經駐外館處驗證；該文件為外文者，移民署得要求申請人檢附經駐外館處驗證或國內公證人認證之中文譯本。但在香港、澳門或大陸地區製作之文書，應經政府於香港、澳門設立之機構或海基會驗證。

資料來源：作者整理製表

第三篇

大陸居民如何申請來台

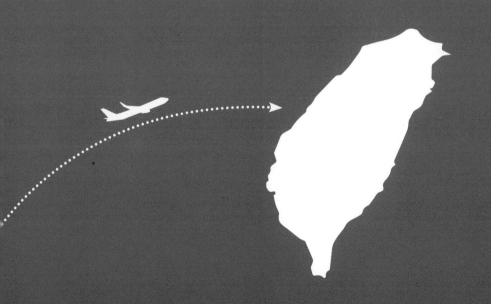

第7章　大陸地區人民申請來台的類別及事由

　　本篇要接著介紹大陸地區人民來台的一些規定。首先說明一下，依據《中華民國憲法》增修條文的規定，台灣與大陸地區間人民權利義務關係及其他事務的處理事項，是屬於特別法的規範，所以大陸地區人民和外國人申請來台灣時所適用的法規不一樣，大陸地區人民不是依據外國人護照簽證條例申請來台，而是依據兩岸條例的規定來辦理。

　　依據兩岸條例的規定，大陸地區人民要來台灣之前，必須向主管機關遞出申請，取得許可後才能入境台灣，也就是所謂的「許可制」，這裡所稱的主管機關指的是內政部，而大陸地區人民來台實際上則是要向移民署所屬各服務站提出申請。

　　另外，也不是每一位大陸地區人民想來台灣就可以隨時來台灣，而是要具備一定的事由和條件，事先向台灣移民署提出申請，經審核許可後，由移民署核發入出境許可證，拿到入出境許可證以後，大陸的航空公司才會同意旅客登機，再持憑入出境許可證及大陸證照查驗入出境台灣；所以本書首先大略介紹大陸地區人民可以申請來台的類別和事由。

☞ **小常識**：入出境許可證（Exit & Entry Permit）
　　　　與簽證（Visa）

　　本書在第二篇的部分，已經詳細介紹過簽證的種類和功能。基於《憲法》和《臺灣地區與大陸地區人民關係條例》的規定，台灣和大陸是地區與地區的關係，並不是國與國的關係，所以大陸地區人民申請來台時，不同於外國人，並不是向外交部申請簽證，而是向內政部（移民署）申請入出境許可證，所以大陸地區人民入出境台灣，從公務機關的職掌區分，是屬於台灣的內政事務，而不是外交事務。

　　而內政部發給大陸地區人民的入出境許可證，其功能是和外交部發給外國人的簽證是一樣的，都是許可入出境台灣證明文件，是很重要的文件，在台灣機場、港口入出境時都要出示經過查驗，千萬不能弄丟！

一、大陸地區人民停留、居留及定居概述

　　一開始就要跟讀者說明，大陸地區人民來台停留的概念不同於外國人的規範（《入出國及移民法》規定在台居住不超過 6 個月稱為停留，在台居住 6 個月以上稱為居留），大

陸地區人民在台停留和居留，不是以在台居住的期間作為區別，而是要以申請來台的「事由」來判斷，有些以商務或就學事由來台的大陸地區人民，是可以在台停留超過 6 個月以上，但是還是屬於停留的身分，並不會取得居留權。

而大陸地區人民想在台居留並不容易，台灣政府只開放大陸配偶在台依親居留、長期居留，或是大陸地區人民可以基於政治、經濟、社會、教育、科技或文化等考量申請「專案長期居留」，除此之外，其他的大陸地區人民來台都只能申請停留，而無法申請居留。而獲准在台長期居留及專案長期居留的大陸地區人民，只要在台灣居住一定的期間，就可以申請定居，經審查核准後，就可以在台灣設戶籍領身分證了。

依據兩岸條例及其授權的相關法令規定，大陸地區人民申請來台的類別相當多，各類別當中又可分為不同的申請事由，每個申請事由所具備的申請資格、條件、應備文件、來台停留期間等規定都有差異，因此，大陸地區人民申請來台的流程，與外國人申請簽證的程序相較之下，相對可說是複雜許多，也更不容易理解。

以下先概略介紹大陸地區人民申請來台的各項類別及事由，讓讀者有初步的概念，在本書後面的篇章，也會再針對不同的申請事由，逐步說明相關申請來台的細節，盡量讓讀者能夠理解完整的申請程序。

二、停留的類別和事由

　　大陸地區人民申請來台停留依法令規定的不同，大致上可分為「社會交流」、「專業交流」、「商務活動交流」、「醫療服務交流」、「專案許可」、「觀光活動交流」等類別，每一類別中又分別有不同的申請事由，說明如下：

　　（一）社會交流類：此類別是屬於一般民間交流較常見的類別，通常都是和兩岸之間親屬往來的事項有關，社會交流類的申請事由包含了團聚、隨行團聚、探親、同行照料、延期照料、奔喪或運回遺骸、骨灰、探視或進行其他社會交流活動（如領取給付、人道探視、取得不動產），只要大陸地區人民有以上事由需要來台灣，就可以提出申請。

　　（二）專業交流類：這個類別是讓大陸地區的各種專業人士可以來台灣和相關專業領域的對象交流，所以大陸地區的申請人必須具備有一定專業資格，而專業交流類的申請事由則包含了宗教教義研修、教育講學、投資經營管理、科技研究、藝文傳習、協助體育國家代表隊培訓、駐點服務、研修生、短期專業交流。

　　（三）商務活動交流：因應兩岸民間經貿往來頻繁和民生經濟的需求，大陸商務人士也經常需要來台交流，而大陸地區人民來台從事商務活動交流的申請事由則有演講、商務研習、履約活動、跨國企業內部調動服務、短期商務活動交

流。

（四）醫療服務交流：由於台灣的醫療水準舉世聞名，為了擴展國際醫療、健康檢查及美容醫學等國際客群，政府也開放大陸地區人民可以來台接受醫療及健檢醫美，大陸地區人民可以就醫、隨行照料（同行照護）、健檢醫美等事由申請來台，接受台灣高端醫療的服務。

（五）專案許可：由於兩岸人民往來的態樣非常多，以事由規範大陸地區人民來台，難免無法全面性考量而有所疏漏，因此如果遇有重大突發事件、影響台灣重大利益情形或於兩岸互動有必要的時候，經主管機關協調大陸委員會等相關機關，可以專案許可大陸地區人民來台；但這是需要運用個案處理，無法照一般案件的申請程序處理。由於專案許可並沒有特別的申請事由及程序，而是視情況由移民署依個案處理，因此本書並未特別介紹專案許可的申請規定。

（六）觀光活動交流：台灣的觀光旅遊產業相當發達，台灣各地的生態多元，且景色宜人，是國際觀光客很喜歡造訪的國家，當然也非常歡迎大陸地區人民來台觀光，觀光的事由則分為個人旅遊及團體旅遊，團體旅遊又分為第一類觀光、第二類觀光及第三類觀光，提供大陸地區人民不同的申請選項，本書在之後都會再詳加說明。

三、居留和定居的申請事由

　　本書在先前提到大陸地區人民除了和台灣人民結婚，或是具有相當特殊的事由外，原則上是無法在台灣申請居留，因此大陸地區人民申請在台居留類別中，其申請事由並不多，只有「依親居留」、「長期居留」及「專案長期居留」等 3 種。另定居類別的申請事由只有「定居」1 種，雖然大陸地區人民在台居留和定居的事由單純，但是可以申請的對象身分分類較細，在此先針對各類事由簡要說明。

　　（一）依親居留：此一申請事由是屬於大陸配偶專用，大陸配偶與台灣地區人民結婚後，必須先以團聚事由申請來台，下一階段就可以申請依親居留，是大陸配偶在台居留的第一階段。

　　（二）長期居留：長期居留可以分為一般長期居留和專案長期居留，一般的長期居留也是屬於大陸配偶專用的事由，大陸配偶在台灣依親居留一段期間後，就可以接著申請長期居留，所以長期居留是大陸配偶在台居留的第二階段，大陸配偶一定要經過兩階段的居留期滿，才能夠繼續申請在台定居。

　　（三）專案長期居留：專案長期居留是為了給對於台灣有特殊貢獻或是與台灣有家庭親情關聯的大陸地區人民，提供了特別的居留申請管道，可分為政治、經濟、社會、教

育、科技或文化等考量，其中社會考量的專案長期居留是比較重要的事由，本書之後會再單獨詳加介紹相關規定。

（四）定居：只要具備在台長期居留資格的大陸地區人民，都可以申請定居，除此之外，大陸地區人民如果是台灣人民的直系血親或配偶，年齡在 70 歲以上或是 12 歲以下，也可以直接申請定居。另外，大陸配偶的台灣配偶死亡，而需要在台灣照顧未成年的親生子女，也符合申請定居的條件。

之後的篇章，本書將就大陸地區人民申請來台的各類事由、申請資格、應備文件、申請方式、停留期限以及延期規定等，做更詳細的介紹，讓讀者們更進一步了解大陸地區人民應該如何申請來台。

第 8 章　大陸地區人民來台停留

　　本篇一開始就說明，大陸地區人民來台停留的概念，並不是依據在台居住期間的長短，而是依據不同法令的規定來區別。大陸地區人民來台停留的主要法令有《大陸地區人民進入臺灣地區許可辦法》（以下簡稱《進入許可辦法》）及《大陸地區人民來臺從事觀光活動許可辦法》（以下簡稱《觀光活動辦法》）。

　　其實在 2015 年以前，大陸地區人民申請來台的法令更加繁雜，針對社會交流、專業人士、商務活動、跨國企業調動、觀光活動等類別，都有各自的法令規範，為了簡化大陸地區人民申請來台的規定，內政部在 2015 年時將社會交流、專業人士、商務活動、跨國企業調動等 4 大類別整合成一部《進入許可辦法》，同時也簡化了許多申請的規定和流程，未來期待政府也能再將《觀光活動辦法》一併整合，讓讀者們能更方便了解大陸地區人民來台停留的相關規範。

　　以下，本書就依據《進入許可辦法》和《觀光活動辦法》所規定的類別和事由，逐一介紹大陸地區人民申請進入台灣的程序及詳細規定。

一、社會交流

社會交流分為團聚、隨行團聚、探親（短期探親及長期探親）、同行照料、延期照料、奔喪或運回遺骸、骨灰以及探視或進行其他社會交流活動，申請資格、應備文件、申請方式、停留期限以及延期等規定，在移民署的網站都可以查詢到相當詳細的規定（中華民國內政部移民署全球資訊網首頁／申辦服務／申辦須知／大陸地區人民），但是很多人仍然一頭霧水，本書特別為讀者整理說明之。

（一）團聚

團聚屬於大陸地區配偶專用的申請事由，大陸地區人民和台灣人民在大陸辦妥結婚手續後，就可以用台灣人民的配偶（以下簡稱陸配）身分申請來台，而申請時的事由就是「團聚」。另外，來台灣讀書的大陸學生（以下簡稱陸生），如果在台灣讀書期間和台灣人民結婚，也可以在台灣轉換身分為陸配，並且在台灣直接申請團聚，不用出境後再重新申請團聚入境，相關的申請資訊如表 40 所示。

表 40　大陸配偶申請來台團聚程序及應備文件表

項目／條件	說明
誰可以辦	1. 大陸地區人民為台灣人民之配偶（陸配）。 2. 以陸生就學身分在台灣轉換為陸配身分並通過面談，經主管機關認為無婚姻異常之虞，且無依法不予許可之情形者。
到哪裡辦	1. 申請人在大陸：由其在台灣親屬代向移民署各直轄市、縣（市）服務站申請（不受理郵寄申請）。 2. 申請人在國外：親自至當地的駐外館處申請（無駐外館處之地區，由台灣親屬代向移民署服務站申請）。 3. 申請人在香港或澳門：親自至香港或澳門的台北經濟文化辦事處申請。
要帶什麼	1. 申請書，並貼 2 年內正面彩色脫帽相片 1 張（同身分證規格）。 2. 大陸地區居民身分證影本、其他證照或證明身分文件影本；第二次來台者，請附大陸地區旅行證件（不包含港澳通行證）影本。 3. 初次申請須檢附經驗證之大陸結婚公證書，及台灣配偶之戶口名簿或國民身分證正、影本（正本驗畢退還）。 　(1) 大陸的結婚公證書，須經海基會驗證。 　(2) 國外的結婚證書則須經駐外館處驗證。 　(3) 港澳所製作的文書則須經台北經濟文化辦事處驗證。 4. 第一次申請團聚，或在台原為陸生身分，與國人結婚後申請轉換為陸配身分者，台灣配偶應填寫「臺灣地區人民申請大陸地區配偶來臺團聚資料表」。 5. 再次申請團聚須檢附已辦理結婚登記之戶口名簿或國民身分證正、影本（正本驗畢退還）。

項目／條件	說明
	6. 保證書：保證人由台灣配偶擔任，並應出具親自簽名之保證書及保證人身分證正、影本（正本驗畢退還）。 7. 委託書：除了申請人（陸配）在國外、香港或澳門，或是由台灣配偶在台灣送件之外，若台灣配偶再委託在台親友、綜合或甲種旅行社代送件者，應附委託書。 8. 申請人如居住於國外、香港或澳門，須檢附再入境國外地區簽證、居留證、香港或澳門身分證影本（需接受面談、按捺指紋者，須經由指定之機場、港口入境）。 9. 其他相關證明文件（例如台灣現住地證明文件等）。 10. 附掛號回郵信封並填妥收件人及住址，自取者免附。
申辦時間	5 個工作天（不含退補件、訪查及面談、郵寄等時間）。
申辦費用	新台幣 600 元
備註	1. 第一次申請團聚來台，經移民署審核後發給事由為「團聚」之單次入出境許可證，可停留期限為 1 個月，面談通過後再給予 5 個月的停留期限，總停留期限共 6 個月。入台後至戶政事務所辦理結婚登記，於下次申請來台時，則直接核予停留期限為 6 個月的單次入出境許可證或者是逐次加簽證。 2. 陸配經面談通過入境後，辦理結婚登記完成可備妥相關文件親自到服務站申請依親居留，規定詳見居留（依親居留）篇。 3. 陸生轉陸配者，於境內進行面談通過後，核定 6 個月的停留期限。

資料來源：作者整理製表

（二）隨行團聚

因應全球人才的流動，有不少的外國人、港澳居民都選擇來台工作，台灣政府為了照顧這些來台工作者的家庭團聚權，如果這些工作者的配偶或未成年子女是大陸地區人民，且符合一定的條件，就可以申請來台陪同生活，申請的事由就是「隨行團聚」；不過隨行團聚來台的大陸地區配偶或子女，也都只是停留的身分，並不會具有居留權。

隨行的配偶和子女可以和來台工作者（通稱主體）同時來台灣，或者等主體入台後，隨行者再來台灣，隨行者不能比主體提早進入台灣；另外，主體工作結束要離開台灣時，隨行者一定要一起離開或提早離開台灣，不能比主體還要晚離開台灣，否則隨行者就會面臨違規停留的情形，這一點要請讀者特別注意。茲將隨行團聚的申請規定整理成表 41，提供讀者參考。

表 41　大陸地區人民申請來台隨行團聚程序及應備文件表

項目／條件	說　明
誰可以辦	另整理如表 42
到哪裡辦	1. 申請人在大陸：由其無戶籍國民配偶、外籍配偶、香港或澳門配偶或其在台任職之單位代向移民署各直轄市、縣（市）服務站申請（不受理郵寄申請）。 2. 申請人在國外：親自至當地的駐外館處申請（無駐外館處之地區，得由其無戶籍國民配偶、外籍配偶、香港或澳門配偶或其在台任職之單位代向移民署申請）。

項目／條件	說　明
到哪裡辦	3. 申請人在香港或澳門：親自至香港或澳門的台北經濟文化辦事處申請。
要帶什麼	1. 申請書，並貼 2 年內正面彩色脫帽相片 1 張（同身分證規格）。 2. 大陸地區居民身分證影本、其他證照或足資證明身分文件影本。 3. 經海基會或駐外館處驗證之親屬關係證明或結婚證明，若文件為外文者，須檢附經驗證之中文譯本；申請人為身心障礙且無法自理生活之已成年未婚子女，須檢附經海基會驗證之婚姻狀況及身心障礙證明（曾來台且提出前述文件者，於申請書旁載明「曾經來台」，並經申請人或代申請人簽名，得免附。） 4. 保證書：隨行團聚的保證人，依隨行團聚主體身分不同而有所差異，詳見下表。 5. 委託書：除申請人在國外地區、香港或澳門或被探人親自送件外，由在台其他親友、綜合或甲種旅行社代為送件者，應附委託書。 6. 申請人如居住於國外、香港或澳門，須檢附再入境國外地區簽證、居留證、香港或澳門身分證影本。 7. 大陸地區配偶及其隨行子女多次入出境許可證效期屆滿，其外籍配偶、香港或澳門配偶在台受聘僱期間延長，可檢附外籍配偶、香港或澳門配偶聘僱之新工作許可說明及外僑居留證或台灣地區居留（入出境）證，辦理延期。 8. 郵寄者附掛號回郵信封並填妥收件人及住址，自取者免附。
申辦時間	5 個工作天（不含退補件、訪查及面談、郵寄等時間）。
申辦費用	1. 2 年以下多次入出境證：新台幣 1,000 元 2. 逾 2 年多次入出境證：新台幣 2,000 元 3. 延期費用：新台幣 300 元

資料來源：作者整理製表

表 42　符合隨行團聚辦理對象及資格一覽表

在台居留對象	具居留權在台居住之無戶籍國民	具永久居留權且在台居住之外國人	外國官方或半官方機構派駐在台灣地區者	經行政院許可香港或澳門政府派駐在台灣地區者	受聘僱之外國人、港澳居民
申請資格	1. 配偶 2. 未成年子女	1. 配偶 2. 未成年子女 3. 身障無法自理之已成年未婚子女			
相關應備文件	國民之居留證	外國人之居留證	外國人之身分由外交部認定	港澳身分由陸委會認定	工作許可證明文件、居留證
停留期間	與居留無戶籍國民同	3 年	1 年	1 年	與外配或港澳配偶居留期限同
延期		得延長，不得逾有效旅行證效之效期	得延長	得延長	聘僱期延長，得檢附新工作許可說明及外僑居留證或台灣居留證
保證人	1. 台灣配偶或直系血親 2. 有能力保證之台灣3親等內親屬 3. 有正當職業之台灣公民	1. 台灣配偶或直系血親 2. 有能力保證之台灣3親等內親屬 3. 有正當職業之台灣公民	機構之外國人	機構之港澳居民	公司負責人或主管

資料來源：作者整理製表

（三）探親（短期探親、長期探親，含同行照料、延期照料）

大陸地區人民來台探親，依停留期間的長短，可分為短期探親及長期探親兩類，大陸地區人民可以申請來台探親的身分別相當複雜，不同的身分別來台的停留期間和延期規定也都不一樣。另外，長期探親則是基於父母對於大陸地區子女的照顧權及教育權考量，提供台灣人民或在台居留陸配的大陸子女申請來台專用，讓子女可以隨著父母在台灣長期的生活及讀書，以下就短期探親和長期探親作更進一步的介紹。

1. 短期探親

所謂的探親是指大陸地區人民來台探視在台灣有設戶籍的親人，或是在台灣居留的子女，單是探親事由，就包含十幾種申請的身分，其中又以三親內血親為主要的申請對象，而血親又可以分為直系血親和旁系血親，可說是相當的複雜，因此，本書整理介紹直系血親、旁系血親和親等的各項常用稱謂如表43，讓讀者比較容易判斷大陸地區人民的申請身份別。

表 43　三親等內血親稱謂一覽表

親別	親等	稱謂
直系血親	1 親等	父母、子女
	2 親等	祖父母、外祖父母、孫、孫女、外孫、外孫女
	3 親等	曾祖父母、外曾祖父母、曾孫、曾孫女、外曾孫、外曾孫女
旁系血親	2 親等	兄、弟、姐、妹
	3 親等	舅父、姨母、姑母、伯叔（父母的兄弟姐妹） 外甥、外甥女、姪男、姪女（兄弟姐妹的子女）

☞ **小常識：法令規定親屬**

　　法令的文字用語，如果只有提到「血親」，那就包含了直系血親和旁系血親；如果是提到「直系血親尊親屬」，就是指直系血親中，由自己往上起算的親屬，如：父母、祖父母；如果是提到「直系血親卑親屬」，就是指直系血親中，由自己往下起算的親屬，如子女、孫子女。

　　另外，《進入許可辦法》所提到的血親，也包含「擬制血親」關係，也就是養父母與養子女、繼父母與繼子女，都符合大陸地區人民申請來台探親的規定。

大陸地區人民在台探親的停留期間及延期的規定，也會根據申請的身分別不同而有所不一樣，為了讓讀者方便理解，本書將《進入許可辦法》規定可申請來台短期探親的身分別整理成表 44，並針對申請的身分狀況補充說明，以令讀者更清楚何種身分的大陸地區人民可以申請來台短期探親。

表 44　大陸地區人民申請來台短期探親身分資格及停留延期表

序號	申請資格及補充說明	停留期間（月）	延期（月）	例外可延期
1	申請人為在台設有戶籍台灣人民之 3 親等血親或其配偶 【補充說明】 所謂 3 親等血親或其配偶，指的是申請人（大陸地區人民）的配偶，而不是被探人（台灣人民）的配偶，是屬於姻親的探親關係。 舉例：大陸的叔叔可以來探親台灣的姪兒，那叔叔的配偶，也就是大陸的嬸嬸，也可以來探親台灣的姪兒。	1	×	×
2	申請人為在台設有戶籍台灣人民之 2 親等內血親	3	×	1. 申請人為台灣人民之（繼）父母者，得申請延期 3 個月。

序號	申請資格及補充說明	停留期間（月）	延期（月）	例外可延期
2	【補充說明】 所謂的 2 親等內血親，也包含 1 親等血親在內，也就是父母和兄弟姐妹都包含在內。			2. 申請人之在台女兒或媳婦有懷孕 7 個月，或生產、流產 2 個月之情形，得申請延長 3 個月（俗稱：坐月子條款）
3	申請人之子女來台團聚，其女兒或媳婦懷有 7 個月以上身孕、生產、流產 2 個月未滿者 【補充說明】 本款規定是讓大陸地區的父母或公婆，可以來台幫忙結婚來台的女兒或是台灣的媳婦做月子。		✗	申請人之在台女兒或媳婦有懷孕 7 個月，或生產、流產 2 個月之情形，得申請延長 3 個月（俗稱：坐月子條款）
4	申請人為在台依親居留、長期居留之大陸配偶之 2 親等內血親或其配偶 【補充說明】 結婚來台的大陸配偶，只要在台取得居留權，其在大陸地區的 2 親等內血親（如：父母、兄弟姐妹）或其配偶（如大嫂、弟媳、姐夫、妹婿），都可以申請來台探親。	2	✗	申請人之在台女兒或媳婦有懷孕 7 個月，或生產、流產 2 個月之情形，得申請延長 3 個月（俗稱：坐月子條款）

序號	申請資格及補充說明	停留期間（月）	延期（月）	例外可延期
5	申請人為在台依親居留、長期居留大陸配偶之 60 歲以上之（繼）父母 【補充說明】 對於在台居留大陸配偶的大陸地區父母親，年紀超過 60 歲者，給予比較長的停留期間，並且可以延期。	1-3	3	
6	大陸地區人民符合以下兩岸條例規定可申請定居者： 1. 為台灣地區人民之直系血親及配偶，年齡在 70 歲以上、12 歲以下者。 2. 其台灣地區之配偶死亡，須在台灣地區照顧未成年之親生子女者。 3. 民國 34 年後，因兵役關係滯留大陸地區之台籍軍人及其配偶。 4. 民國 38 年政府遷台後，因作戰或執行特種任務被俘之前國軍官兵及其配偶。 5. 民國 38 年政府遷台前，以公費派赴大陸地區求學人員及其配偶。	3	3	

序號	申請資格及補充說明	停留期間（月）	延期（月）	例外可延期
6	6. 民國 76 年 11 月 1 日前，因船舶故障、海難或其他不可抗力之事由滯留大陸地區，且在台灣地區原有戶籍之漁民或船員。 【補充說明】 本款對象依法可直接申請來台定居，但申請人如無定居之需要，也可申請來台短期探親。			
7	為台灣地區人民之大陸地區配偶之父母。 【補充說明】 本款是開放大陸的公婆或丈人、丈母娘，可以直接來探親台灣媳婦或女婿，被探親的對象不一定是大陸結婚來台的子女。	2	✗	
8	為經專案許可長期居留者之父母或子女。 【補充說明】 大陸地區人民在台申請獲准專案長期居留者，身分不一定是台灣人的配偶，其在大陸地區的父母或是子女，都可以申請來台探親。	2	✗	

序號	申請資格及補充說明	停留期間（月）	延期（月）	例外可延期
9	申請人為在台居留逾 6 個月之外國籍配偶或港澳配偶之大陸父母。 【補充說明】 大陸地區人民在取得外國籍或港澳居留身分後，即喪失大陸地區人民身份，其與台灣人民結婚，即成了外籍配偶或港澳配偶，但是其父母親仍然為大陸地區人民，可以申請來台探親。	2	✗	
10	申請人（大陸地區人民）的子女或媳婦、女婿為外國人或是港澳居民，在台居留逾 6 個月且從事白領工作或為專業人才，或是專業人才取得永久居留者。 【補充說明】 本款所稱的白領工作，是指從事《就業服務法》第 46 條第 1 項第一款至第 6 款、第 48 條第 1 項第 1 款、第 3 款、第 49 條工作；所稱專業人才，是指依《外國專業人才延攬及僱用法》取得就業金卡，或從事藝術工作者。	2	✗	

序號	申請資格及補充說明	停留期間（月）	延期（月）	例外可延期
11	申請人為來台隨行團聚者之配偶、父母、子女或配偶之父母 【補充說明】 本款係指隨行團聚來台的大陸地區人民，其在大陸的親人也可以申請來台探親。	2	×	
12	來台從事專業交流或商務活動交流，且停留逾6個月以上者之配偶、父母、子女或配偶之父母。 【補充說明】 本款主要是為了照顧來台長期停留的大陸專業商務人士的家庭團聚權，開放其大陸的親屬可以來台探親。	2	×	
13	大陸學生之配偶或2親等內血親。 本款所稱的大陸學生，是指來台就讀畢業後，可以取得台灣學位（學士、碩士、博士）的大陸學生。	2	×	大陸學生在台期間，申請人因病、傷住院者，不受申請次數限制，並得延期，每次1個月（研修生之父母每年申請次數不得逾2次，每年總停留不得逾6個月）。
14	研修生之父母 【補充說明】 本款所稱之研修生，也是大陸學生，但是是指來台短期就讀，但不會取得學位的大陸學生。	1	×	

資料來源：作者整理製表

☞ **小叮嚀：**

　　大陸地區人民申請來台探親時，法令規定的台灣人民的大陸配偶，是指已經在台灣面談通過並且完成所有的結婚程序及戶籍記事登記。只有在大陸地區結婚，持憑大陸的結婚證書，就不能算是以上所稱的大陸配偶身分。

2. 長期探親

　　所謂的長期探親，是為了考量大陸籍未成年小孩的被照顧權，必須跟隨父母親在台生活，不應該有停留期間的限制，同時也要考慮這些未成年小孩的受教權，讓他們可以有比較長期的時間穩定在台灣讀書。所以台灣政府開放長期探親，除了讓大陸籍的未成年小孩可以來台探親，可以無限制次數的延期以外，在台停留期間也可以到高中以下的學校讀書，如果停留期間到 20 歲成年時，仍在台灣的大專校院讀書且具有學籍，就學期間還是可以繼續延期，但是延期到畢業時，就要離開台灣了。以下就針對長期探親的對象和資格列表 45 說明。

表 45　大陸地區人民申請來台長期探親身分資格及停留延期表

序號	申請資格	停留期間（月）	延期（月）	例外可延期
1	申請人為台灣人民之未成年子女 【補充說明】 本款所稱的台灣人民，也包含了原為大陸地區人民之台灣人民。	6	6	
2	申請人為大陸配偶之 16 歲以下之親生子女，或是 16 歲前曾經來台長期探親且現為 20 歲以下之親生子女。 【補充說明】 本款所稱的大陸配偶，是指已經在台取得依親居留權或長期居留權的對象。		6	1. 滿 20 歲仍就讀高中，得延至當年度 8 月 31 日止。 2. 就讀大專校院，得延至畢業後 1 個月。
3	來台長期探親已屆滿 20 歲，在台仍有大專校院學籍者。	6	6	

資料來源：作者整理製表

3. 同行照料

申請來台短期探親的大陸地區人民，如果已經年滿 60 歲且行動不便或者因為健康因素需要專人照料，就可以同時

申請配偶或 18 歲以上 2 親等內血親 1 人同行照料。由於是以照料為事由，所以照料的人和被照料的人，都必須同時入出境台灣，原則上不得延期。

4. 延期照料

大陸地區人民申請來台短期探親，在台灣被探對象的年紀如果超過 60 歲，且在台沒有子女，有傷病未癒或行動困難乏他人照料的情形，來台探親的大陸地區人民若具有照料能力，就可以申請延期在台照料年邁的台灣人民，如果有需要繼續照料者，可以再申請延期，每 1 次可以再延長 6 個月。

但要注意的是，假如被探對象之配偶已依規定申請進入台灣團聚，主管機關得不予許可延期照料的申請，相關說明整理為表 46 與表 47。

表 46　大陸地區人民申請探親（含長期及短期）
應備基本文件一覽表

項目／條件	說明
到哪裡辦	1. 申請人在大陸：由台灣親屬或邀請單位向移民署服務站申請。 2. 申請人在國外：親自至當地的駐外館處申請（無駐外館處之地區，由台灣親屬或邀請單位代向移民署服務站申請）。 3. 申請人在香港或澳門：親自至香港或澳門的台北經濟文化辦事處申請。

項目／條件	說明
要帶什麼	1. 申請書，並貼 2 年內正面彩色脫帽相片 1 張（同身分證規格）。 2. 大陸地區居民身分證影本、其他證照或足資證明身分文件影本。 3. 經海基會驗證之親屬關係證明文件（曾來台且提出親屬關係公證書者，於申請書旁載明「曾經來台」，並經申請人或代申請人簽名，得免附；如與被探人為姻親關係，須檢附 3 年內開立之親屬關係證明。但若查無，仍應依通知補件。） 4. 被探人係在台出生或已在台設籍者，其在台戶籍資料之父母欄位載有申請人之姓名，且該戶籍資料或被探人申請定居時所檢附經海基會驗證之文件，當中載有申請人之其他年籍資料（如生日、統一證號、大陸地區身分證號碼等），可資證明申請人與被探人之親屬關係者，得免附前項親屬關係證明。 5. 被探人為台灣人民者，應檢附戶口名簿或身分證；被探人為大陸地區人民者，應檢附入出境許可證影本（附影本，正本驗畢退還）。 6. 保證書：保證人應出具親自簽名之保證書及保證人國民身分證正、影本（正本驗畢退還）；保證人如係邀請單位，應加蓋印信。 7. 委託書：除申請人在國外地區、香港或澳門或被探人或邀請單位親自送件外，被探人或邀請單位再委託綜合或甲種旅行社，或被探人再委託其他台灣親屬代為送件者，應附委託書。 8. 申請人如居住於國外、香港或澳門，須檢附再入境國外地區簽證、居留證、香港或澳門身分證影本。 9. 其他證明文件（移民署得依個案通知補件，如現住地證明、經濟來源說明或在職證明等）。
申辦時間	5 個工作天（不含退補件、郵寄等時間）。
申辦費用	新台幣 600 元

資料來源：作者整理製表

表 47　大陸地區人民申請探親依身分事由應備之證明文件一覽表

個別事由		相關證明文件	說明
團聚 7 個月以上身孕、生產、流產 2 個月未滿之父母		懷孕或生產、流產證明	
台灣人未成年子女（長期探親）		出生證明	非婚生子女須先由生父完成認領手續；婚前受胎應檢附經海基會驗證之血緣關係鑑定具結書及生母於受孕期間無婚姻狀況證明。
依親或長居之 16 歲以下親生子女/16 歲前曾申請長探且為 20 歲以下	前婚姻子女	1. 前婚姻離婚證明或前配偶死亡證明 2. 出生證明	經海基會驗證之載有父母姓名之出生證明、前婚姻離婚證明或前婚姻配偶之死亡證明
	非婚生子女	1. 生母於受孕期間無婚姻狀況證明 2. 出生證明	經海基會驗證載有母親姓名之出生證明、血緣關係鑑定具結書。
符合表 45 序號 3 者		仍在台有學籍之證明文件	仍在台就讀五專、一般大學或科技校院具有學籍者之相關證明文件。
同行照料		需專人照料證明	行動不便或因健康因素需專人照料之診斷書證明或其他足資證明文件。
延期照料		需專人照料文件	1. 延期申請書。 2. 入出境許可證正本。 3.6 個月以上效期之大陸證照。 4. 探親對象戶口名簿。 5. 探親對象在台無子女切結書及探親對象 3 個月內診斷證明書或全民健保重大傷病證明。

資料來源：作者整理製表

☞ **小叮嚀：延期方式**

申請人應於停留期間屆滿前 30 日內，備齊下列文件向移民署各直轄市、縣（市）服務站申請（不受理郵寄申請）：

1、延期申請書。

2、入出境許可證正本。

3、有效之大陸地區旅行證件（但不包含港澳通行證），其效期不足者，僅得延期至該證照效期屆滿前 1 個月。

4、相關證明文件。

5、延期費用新台幣 300 元。

6、代申請人身分證正本（驗畢歸還）。

（四）奔喪或運回遺骸、骨灰（含同行照料）

大陸地區人民的親人在台過世，或者親人是在 1992 年 12 月 31 日前死亡而安葬在台灣者，大陸的親人可以申請來台奔喪，或是來台將安葬者的遺骸、骨灰運回大陸地區，相關的條件及應備文件，本書整理成表 48 與表 49，提供讀者參考。

表 48　大陸地區人民申請奔喪或運回遺骸、骨灰基本應備
文件一覽表

項目／條件	說明
到哪裡辦	1. 申請人在大陸：由台灣親屬向移民署服務站申請（不受理郵寄申請）。 2. 申請人在國外：親自至當地的駐外館處申請（無駐外館處之地區，由台灣親屬代向移民署服務站申請）。 3. 申請人在香港或澳門：親自至香港或澳門的台北經濟文化辦事處申請。
要帶什麼 （根據事由不同而有所差異，其他應備文件整理於下表）	1. 申請書，並貼 2 年內正面彩色脫帽相片 1 張（同身分證規格）。 2. 大陸地區居民身分證影本、其他證照或足資證明身分文件影本。 3. 經海基會驗證之親屬關係證明文件（曾來台且提出親屬關係公證書者，於申請書旁載明「曾經來台」，並經申請人或代申請人簽名，得免附。但若查無，仍應依通知補件。） 4. 同行照料者檢附需專人照料之診斷書證明或其他足資證明之文件。 5. 保證書：保證人應出具親自簽名之保證書，及保證人國民身證正、影本（正本驗畢退還）。 6. 委託書：除申請人在國外地區、香港或澳門親自送件外，由在台其他親友或綜合或甲種旅行社代為送件者，應附委託書（倘在台無親屬由朋友代送者，應加附說明書）。 7. 申請人如居住於國外、香港或澳門，須檢附再入境國外地區簽證、居留證、香港或澳門身分證影本。
申辦時間	5 個工作天（不含退補件、郵寄等時間）。
申辦費用	新台幣 600 元

資料來源：作者整理製表

表 49　大陸地區人民申請奔喪或運回遺骸、骨灰之資格條件及個別應備文件等規定一覽表

在台亡者身分	台灣人		大陸地區人民、港澳居民、外國人
死亡時間	未滿 6 個月	1992 年 12 月 31 日以前	未滿 6 個月
申請事由	奔喪	運回遺骸、骨灰	奔喪
申請人資格	1. 配偶 2. 配偶之父母 3. 3 親等內血親或其配偶	1. 配偶 2. 2 親等內血親 3. 配偶之父母或子女之配偶	1. 配偶 2. 2 親等內血親，以 2 人為限
個別應備文件	1. 奔喪對象戶口名簿或身分證影本。 2. 未完成死亡登記者，加附死亡證明文件正本	1992 年底前死亡之證明書或法院裁判書	在台死亡證明書
停留期間	1 個月		
延期	×	×	×
補充說明	1. 申請來台奔喪或運回遺骸、骨灰之次數以 1 次為限，申請時以 2 人為限。 2. 申請人年滿 60 歲行動不便或因健康因素須專人照料，得同時申請其配偶或 18 歲以上二親等內血親 1 人同行照料。		

資料來源：作者整理製表

（五）探視或進行其他社會交流活動

　　除了上述的社會交流事由以外，大陸地區人民還有其他的社會交流事由可以申請來台，如領取給付、進行民、刑事

訴訟、人道探視以及取得不動產，除了基本應備文件外，還有因申請事由不同而需要準備其他相關證明文件，以下將申請資格以及應備文件整理成表 50 至表 52，供讀者參考。

表 50　大陸地區人民申請探視或進行其他社會交流活動資格一覽表

申請事由	資格說明
領取給付	1. 大陸地區人民的親屬為在台軍公教或公營事業人員，於任職期間死亡，或已退休申請支領月退休金，於支領期間死亡，在台沒有遺族或法定受益人者，經主管機關核定。 2. 1998 年 7 月 1 日前依法保留並經主管機關核定發放給大陸遺族或法定受益人之保險死亡給付、1 次撫卹金、餘額退伍金或 1 次撫慰金。 3. 依《戒嚴時期不當叛亂暨匪諜審判案件補償條例》核定給予補償之大陸地區人民。 4. 台灣人民的遺產，經財政部國有財產局、國防部或行政院國軍退除役官兵輔導委員會等機關管理，大陸地區人民為繼承人之身分。
進行民、刑事訴訟	大陸地區人民因刑事案件或民事訴訟經司法機關傳喚來台進行訴訟。
人道探視	1. 大陸地區人民的親屬（含大陸地區人民、外國人、港澳居民）在台犯最輕本刑 5 年以上之罪，且經羈押或執行徒刑，每年 1 次並以 2 人為限（經主管機關同意，得不受 2 人之限制）。 2. 大陸地區人民的親屬（含大陸地區人民、外國人、港澳居民）在台因重大災變導致死亡、重傷、或因重病住院，以 2 人為限（經主管機關同意，得不受 2 人之限制）
取得不動產	大陸地區人民取得台灣不動產所有權者。

表 51　大陸地區人民申請探視或進行其他社會交流活動應備文件一覽表

項目／條件	說明
到哪裡辦	1. 申請人在大陸地區：由其在台灣親屬代向移民署各服務站申請（不受理郵寄申請）。 2. 申請人在國外：親自至當地的駐外館處申請（若無駐外館處，得由在台灣親屬或邀請單位代向移民署服務站申請）。 3. 申請人在香港或澳門：親自至香港或澳門的台北經濟文化辦事處申請。
要帶什麼	1. 申請書，並貼 2 年內正面彩色脫帽相片 1 張（同身分證規格）。 2. 大陸地區居民身分證影本、其他證照或足資證明身分文件影本。 3. 保證書：保證人應出具親自簽名之保證書，及保證人國民身證正、影本（正本驗畢退還）。 4. 委託書：除申請人在國外地區、香港或澳門親自送件外，由在台親屬或旅行社代送件者，應附委託書，倘在台無親屬由友人代送件者，應加附說明書，以友人身分代申請者，每年代申請以 5 人為限。 5. 申請人如居住於國外、香港或澳門，須檢附再入境國外地區簽證、居留證、香港或澳門身分證影本。 6. 其他證明文件（主管機關認有必要時須經海基會驗證）。
申辦時間	5 個工作天（不含退補件、郵寄等時間）。
申辦費用	新台幣 600 元

資料來源：作者整理製表

表52 大陸地區人民申請探視或進行其他社會交流活動之其他規定一覽表

申請事由	領取給付	刑、民事訴訟	人道探視		取得不動產
			親屬遭羈押	親屬重病	
申請次數	1次	視情況需要	每年1次	視情況需要	視情況需要
證件別	單次				單次、1年逐次
停留期間	1個月	15天	1個月	不得逾4個月	
相關應備文件	1. 可請領之證明文件影本（不得逾領取期限）。 2. 請領遺產須檢附經海基會驗證之親屬關係證明影本。	傳票或開庭通知書影本		檢附在台因傷病住院之親屬的醫院診斷書證明。	1. 土地或建物登記簿謄本 2. 活動行程表
延期	×	必要得延期，每次停留不得逾2個月	×	×	每年總停留不得逾4個月
備註	已於前申請案提出本次申請案應備之親屬關係證明者，經申請人或代申請人申請送件時於申請書空白處填載曾經來台，並在旁簽名。但若查無，仍應依通知補件。		原則2人為限	原則2人為限	每年總停留不得逾4個月

資料來源：作者整理製表

☞ **小叮嚀：**

　　有關領取給付申請流程比較複雜一點，這裡再特別提醒大家一下，注意以下流程：

　　1、申請人向最後服務機關申請、函轉主管機關核定，由最後服務機關通知申請人（軍職人員由國防部核轉通知）。

　　2、遺產須依兩岸條例先聲請裁定准予繼承後，向遺產管理機關申請。

　　3、申請日期不得逾相關機關許可請領文件所載之領取截止期限。

　　申請者超過 2 人時，應協議委託其中 1 人代表申請入台，並檢附經海基會驗證之委託書及相關機關證明可領取給付之文件影本。

二、專業及商務活動交流

　　在兩岸民間交流的活動中，除了親屬關係之間的社會交流以外，企業團體之間的專業商務往來交流，也是兩岸交流中非常重要的部分。兩岸經貿的往來包含了金流、人流、資訊流、技術流等交流方式，而其中人員部分的交流是穩固雙方合作關係最重要的環節，以下分別就專業交流及商務活動交流再作更進一步的介紹。

（一）專業交流

大陸地區人民來台從事專業交流，是指來台灣從事涉及各目的事業主管機關之相關專業領域之活動，並且應由核准設立有案之相關專業領域且有組織及團體憑證或工商憑證之台灣邀請單位代申請。

專業交流共可分為 9 個類型，分別為宗教教義研修、教育講學、投資經營管理、科技研究、藝文傳習、協助體育國家代表隊培訓、駐點服務、研修生以及短期專業交流。應備文件也都由中央目的事業主管機關來做審查，如教育部、文化部、經濟部、科技部、交通部等。各類型應備文件，包含相同的部分以及其餘相關專業文件整理為表 53 至表 55。

表 53　大陸地區人民申請專業交流應備基本文件一覽表

項目／條件	說明
到哪裡辦	1. 申請人在大陸地區：台灣邀請單位以組織及團體憑證或工商憑證登入移民署「大陸地區人民申請來台從事專業參訪線上申辦」（網址：https：//mt.immigration.gov.tw/PB/login/auth?applyType=2B）系統代為申請。 2. 申請人在港澳或國外：台灣邀請單位代為線上申請，申請人須親自到當地的駐外館處繳交申請書、6 個月以上效期之大陸旅行證件、大陸地區身分證明文件、僑居地身分證明文件、在職證明等資料；無駐外館處者，僅須由台灣邀請單位代為線上申請即可。

項目／條件	說明
要帶什麼	1. 申請書：於線上系統登錄申請人資料，中文姓名及相關資料須以正（繁）體字填寫，英文姓名須與其護照或大陸居民往來台灣通行證之英文姓名相同。 2. 2 年內正面彩色脫帽相片 1 張（同身分證規格）。 3. 6 個月以上效期之大陸地區護（證）照、大陸地區居民身分證或足資證明其身分文件影本。 4. 申請人在香港、澳門或國外地區須檢附香港、澳門身分證或再入境簽證、居留證。 5. 保證書：一次申請多位時，得附 1 份保證書，檢附團體名冊（政府機關交流免附）。 6. 團體名冊：線上系統代為產出。 7. 專業活動計畫書及行程表：請依來台目的、理由、專業性及其他有關事由具體列述，並詳實填寫行程內容。行程涉及觀光旅遊者，應由綜合或甲種旅行業接待，請於行程表填寫接待旅行業聯絡資料。但由旅行業、旅行業同業公會擔任邀請單位者，不在此限。 8. 申請人及邀請單位資格證明文件（3 個月內開立之職務證明證本）。 9. 申請多次證須檢附理由說明書（請載明效期及需求原因）。 10. 同（隨）行者須檢附經海基會驗證之親屬關係證明。 11. 委託書：委託綜合或甲種旅行社代辦時須檢附。
申辦時間	3-5 個工作天（不含退補件時間）。
申辦費用	1. 單次及逐次加簽入出境許可證：新台幣 600 元 2. 2 年以下多次入出境許可證：新台幣 1,000 元 3. 逾 2 年期多次入出境許可證：新台幣 2,000 元 4. 單次入出境許可證延期：新台幣 300 元 5. 逐次加簽入出境許可證加簽：新台幣 600 元

資料來源：作者整理製表

表54 大陸地區人民申請專業交流之個別應備文件一覽表

專業交流類型	邀請單位資格	申請人資格	個別應備文件
宗教教義研修	1. 依法設立之宗教研修學院。 2. 立案5年以上之寺廟、教會或宗教團體。	從事研修宗教教義之宗教團體內部人員或研修機構之學生	1. 邀請單位立案證明。 2. 邀請單位上一年度收支報告經主管機關備查之公文。 3. 研修空間1年內消防安全設備定期檢修合格文件。 4. 研修空間如為區分所有建築物者，應檢附周鄰同意書影本，如有管委會，得以管委會同意書影本取代。 5. 宗教團體與宗教教義研修機構隸屬證明。 6. 職務證明。 7. 最近一次申請外籍人士來台研修經主管機關同意公函或最近連續3次獲宗教主管機關表揚之文件。 8. 宗教團體訂定並公開揭示性騷擾防治措施之證明文件。
教育講學	核准設立之大專院校	大專院校教師或學術研究機構相當職級之資格者	1. 相關造詣或職務證明。 2. 經教評會審查通過之相關文件。

專業交流類型	邀請單位資格	申請人資格	個別應備文件
投資經營管理（在台分公司或子公司及在台辦事處另有不同應備文件，將於下表呈現）	依法於台灣投資之事業或設立之辦事處	甲類：在台投資或成立辦事處之負責人。投資金額 20 萬美元以上，2 人；每增加 50 萬美元，增加 1 人；最多不得超過 7 人。	1. 台灣事業或辦事處登記證明。 2. 投資或設立辦事處許可函。 3. 已實施投資金額審定函（辦事處不需檢附）。
		乙類： 1. 投資者：設立未滿 1 年者，資金達新台幣 1,000 萬以上；設立 1 年以上者，最近 1-3 年平均營業額達新台幣 1,000 萬元以上、平均進出口實績總額達 300 萬美元以上或平均代理佣金達 100 萬美元以上。 2. 設立辦事處。 3. 符合前 2 點得申請： 　（1）經理人 1 名。 　（2）主管或技術人員須符合具碩士學位、學士學位並有 2 年以上工作經驗、專業技	1. 台灣事業或辦事處登記證明。 2. 投資或設立辦事處許可函。 3. 已實施投資金額審定函。 4. 負責任身分證明文件。 5. 設立滿 1 年須檢附申請日前 1 年度之營利事業所得稅結算申報書或進出口實績證明或代理佣金證明（辦事處不需檢附）。 6. 學經歷證明文件（經理人不需檢附）。

專業交流類型	邀請單位資格	申請人資格	個別應備文件
		術並具5年工作經驗：投資30萬美元以上者，得申請1人；每增加50萬美元，得再增加1人，最多不得超過7人。辦事處得申請1人。有貢獻者不受名額限制。	
科技研究	學術	與受邀人領域相關之台灣大專院校、研究機構、政府立案核准之學術科技團體	有優秀成就者或獲博士學位具發展潛力者。 有相關專業造詣，且在兩岸科技上有助益	1. 邀請函。 2. 延攬大陸人士來台參與學術科技研究申請書。 3. 近5年重要著作、學經歷及相關專業造詣。 4. 邀請單位立案證明。 5. 人民團體須檢附立案或登記滿1年證明、最近1年預算、決算報告經主管機關備查文件及相關專業活動紀要。

專業交流類型		邀請單位資格	申請人資格	個別應備文件
產業	甲類	與受邀人領域相關之台灣公民營事業或產業工會或團體（符合生產事業或技術服務業資本額或年營業額達新台幣1千萬元以上或為具研發能力者）	學士以上學位	1. 邀請單位立案證明（或最近1年營利事業所得稅結算申報書）。 2. 人民團體須檢附立案或登記滿1年證明、最近1年預算、決算報告經主管機關備查文件及相關專業活動紀要。 3. 具科技專業之學、經歷證明。 4. 丙類申請者應檢附國外、香港或澳門工作證或永久居留證明。
	乙類	與受邀人領域相關之台灣公民營事業或產業工會或團體（符合生產事業資本額或年營業額達新台幣3千萬元以上、或技術服務業資本額或年營業額達新台幣1千5百萬元以上或為具研發能力者）	1. 碩士以上學位。 2. 學士學位及2年以上相關工作經驗。	
	丙類	同甲類	旅居海外或港澳且具碩士學位以上資歷	

專業交流類型	邀請單位資格	申請人資格	個別應備文件
藝文傳習	台灣相關專業領域之機關、團體或學校	1. 曾於專科以上學校任教，最近5年有作品且為國際推崇。 2. 碩士以上學歷，工作至少4年。 3. 特殊技藝，且有重大具體成就。	1. 4個月以上傳習計畫及行程表。 2. 學經歷證明文件。 3. 最近5年重要活動紀錄或證明文件。 4. 邀請單位立案證明。 5. 人民團體須檢附立案或登記滿1年證明、最近1年預算、決算報告經主管機關備查文件及相關專業活動紀要。
協助體育國家代表隊培訓	與受邀人領域相關之機關或經教育部體育署認定之體育運動團體。	具體育專業造詣之人	1. 邀請單位立案證明。 2. 人民團體須檢附立案或登記滿1年證明、最近1年預算、決算報告經主管機關備查文件及相關專業活動紀要。 3. 相關專業造詣或職務證明。
駐點服務	派駐在經許可在台設立辦事處或分支機構從事業務活動	各該目的事業主管機關或相關領域之財團法人	依目的事業主管機關指定之資格	1. 檢附各該目的事業主管機關或相關領域財團法人許可證明文件。 2. 相關專業造詣或職務證明。

專業交流類型		邀請單位資格	申請人資格	個別應備文件
	海空運駐點	航空、航運公司在台分公司、辦事處或代理人	往返台灣與大陸之大陸航空或船舶所屬公司之駐點人員	所屬航空、航運公司在職證明。
	駐點記者	傳播事業相關團體	新聞專業人員	1. 邀請函。 2. 所屬媒體主管簽署之專業造詣證明（說明媒體概述、任職簡歷及指派來台之意思表思）。
研修生		核准設立之大專院校	就讀大專院校以上學生	1. 在學證明。 2. 研修計劃書（停留時間超過 6 個月）。
短期專業交流	政府機關交流	政府機關或海基會	任職於大陸行政、黨務或其他公務機關之人員	＊免附保證書。
	短期專業交流	學校、財團法人、依法設立 1 年以上相關領域之社團法人、人民團體、寺廟、教會（堂）	具備專業領域之人員	1. 邀請單位立案證明。 2. 人民團體、社團法人、寺廟、教會須檢附立案或登記滿 1 年證明、最近 1 年預算、決算報告經主管機關備查文件及相關專業活動紀要。 3. 相關專業造詣或職務證明。 4. 經目的事業主管機關指定之文件。
	其他短期專業交流			

資料來源：作者整理製表

表 55　大陸地區人民申請【投資經營管理】之
其他應備文件一覽表

邀請單位		陸資在台分公司或子公司	陸資在台辦事處
應備文件	共同應備文件	1. 受邀人學經歷證明文件。 2. 來台活動內容。	
	個別應備文件	1. 最近 1 年在台營業額。 2. 媒合母公司（或本公司）等關係企業對台銷售或採購金額。 3. 邀請單位在台主要營業項目說明（台籍員工數、維運成本、關係企業對台銷售或採購金額）。 上述文件不完備時，須檢附： 1. 本公司主要營業項目說名、營業執照。 2. 事業架構圖、組織圖。 3. 最近 1 年財務報表。	1. 本公司主要營業項目說明、營業執照、事業架構圖、組織圖、最近 1 年財務報表。 2. 邀請單位在台主要營業項目說明（台籍員工數、維運成本、關係企業對台銷售或採購金額）。

資料來源：作者整理製表

　　大陸地區人民申請來台專業交流，依其申請事由不同，台灣政府發給的證件別、停留期間及延期規定都不同，較需特別注意的是，申請人的家屬也可以申請隨行或同行來台灣，相關的規定，本書也整理成表 56，供讀者參考。

☞**小常識：同行與隨行**

　　1. 同行：是指同行人員和主體必須搭相同的航（船）班入出境台灣。

　　2. 隨行：是指隨行人員可以和主體同時入出台灣，也可以比主體晚一點入境，或早一點出境。

　　3. 大陸地區人民來台從事專業活動的隨同人員，是指申請人的配偶、未成年子女或身心障礙且無法自理生活之已成年未婚子女。

表 56　大陸地區人民申請專業交流之停留延期等規定一覽表

申請事由			停留期間	證件別	延期規定	同行或隨行
宗教教義研修			1 年	1. 單次 2. 1 年 逐次或多次	×	×
教育講學					可延期，總停留不得逾 1 年	可同行；另主體停留期間為 1 年者，可隨行。
投資經營管理				1. 單次 2.1-3 年逐次或多次	×	可隨行
科技研究	學術		1 年	1. 單次 2. 逐次 或 多次	可延期，總停留不得逾 6 年	1. 可同行；另主體停留期間 為 1 年者，可隨行。
	產業	甲類	6 個月		×	
		乙類丙類	1 年		可延期，總停留不得逾 6 年	

申請事由		停留期間	證件別	延期規定	同行或隨行
藝文傳習		1 年		可延期，總停留不得逾 2 年	2. 申請人為未成年或已成年身障者，得申請 2 親等內直系尊親屬 1 人同行。
協助體育國家代表隊陪訓		6 個月		可延期，總停留不得逾 1 年（亞洲運動會及 olympics 不得逾 6 年）	
駐點服務	非營利法人、團體在台辦事處或分支機構	1 年	1-3 年多次	有繼續服務之必要，得申請延期	可同行；另主體停留期間為 1 年者，可隨行。
	海空駐點服務		單次、1-3 年多次	可延期 1 次，不得逾 1 個月	
	駐點記者	3 個月	單次、1 年逐次	可延期，總停留不得逾 6 個月	可同行及隨行
研修生		6 個月	單次或逐次	可延期，總停留不得逾 1 年	✗
短期專業交流	其他短期專業交流（教育、藝文、大眾傳播及衛生）	6 個月	單次、1 年逐次或多次	1 次 1 個月，每年總停留不得逾 6 個月	同行、申請人為未成年或已成年身障者，得申請 2 親等內直系尊親屬 1 人同行、演員得申請助理 5 人隨行
	參觀、訪問、考察、領獎、參與研討會、會議、參觀展覽及參加展覽	1 個月	單次	1 次 1 個月，每年總停留不得逾 6 個月	
	政府機關交流				

資料來源：作者整理製表

（二）商務活動交流

　　大陸地區人民來台從事商務活動交流，是指大陸地區人民為事業負責人或經理人、專業專門性或技術性人員，由經核准設立有案且領有工商憑證之台灣邀請單位代申請來台從事商務活動交流。

　　商務活動交流共可分有 5 個類型，分別為演講、商務研習、履約活動、跨國企業內部調動服務、短期商務活動交流等，其中跨國企業內部調動服務是必須要求公司規模以及營收入淨額，申請門檻較高且申請數額有限制的。各類型商務活動申請時的應備文件，包含相同的部分以及其餘相關文件整理為表 57 至表 59。

表 57　大陸地區人民申請商務活動交流基本應備文件一覽表

項目／條件	說明
到哪裡辦	1. 申請人在大陸地區：台灣邀請單位以組織憑證登入移民署「大陸地區人民申請來台從事商務活動（跨國企業）線上申辦」（網址：https：//mt.immigration.gov.tw/PB/login/auth?applyType=2A）系統代為申請。 2. 申請人在香港、澳門或國外：台灣邀請單位代為線上申請，申請人須親自至當地的駐外館處繳交申請書、6 個月以上效期之大陸旅行證件、大陸地區身分證明文件、僑居地身分證明文件、在職證明等資料；無駐外館處者，僅須由台灣邀請單位代為線上申請即可。

項目／條件	說明
	1. 申請書：於線上系統登錄申請人資料，中文姓名及相關資料須以正（繁）體字填寫，英文姓名須與其護照或大陸居民往來台灣通行證之英文姓名相同。
	2. 2 年內正面彩色脫帽相片 1 張（同身分證規格）。
	3. 6 個月以上效期之大陸地區護（證）照、大陸地區居民身分證或足資證明其身分文件影本。
	4. 申請人在香港、澳門或國外地區須檢附香港、澳門身分證或再入境簽證、居留證。
	5. 保證書：一次申請多位時，可填 1 份保證書，並檢附團體名冊。
	6. 團體名冊：線上系統代為產出。
	7. 商務活動計畫書及行程表：：請依來台目的、理由、重要性及其他有關事由具體列述，並詳實填寫行程內容。以商務研習（含受訓）事由申請請者，須填寫商務研習（含受訓）課程表（實務操作以每日四小時為限，夜間、周末及假日非經目的事業主管機關同意，不得排課），其課程表內應明列研習之目標、方式、期間、課程、人數、項目、指導人員、時間配置與進度及研習場所。行程涉及觀光旅遊者，應由綜合或甲種旅行業接待，請於行程表填寫接待旅行業聯絡資料。但由旅行業、旅行業同業公會擔任邀請單位者，不在此限。
	8. 申請人及邀請單位資格證明文件（3 個月內開立之職務證明正本）。
	9. 以跨國企業內部調動事由申請者，其職務證明文件須載明年資、職位及薪資（薪資標準應達勞動部公告之「外國人受聘僱從事專門性技術性工作之每人每月平均薪資最低數額」）。
	10. 申請多次證須檢附理由說明書（請載明效期及需求原因）。

項目／條件	說明
要帶什麼	11. 同（隨）行者須檢附經海基會驗證之親屬關係證明。 12. 委託書：委託綜合或甲種旅行社代辦時須檢附。 13. 其他經主管機關或目的事業主管機關指定之文件。
申辦時間	3-5 個工作天（不含退補件時間）。
申辦費用	1. 單次及逐次加簽入出境許可證：新台幣 600 元 2. 2 年以下多次入出境許可證：新台幣 1,000 元 3. 逾 2 年期多次入出境許可證：新台幣 2,000 元 4. 單次入出境許可證延期：新台幣 300 元 5. 逐次加簽入出境許可證加簽：新台幣 600 元

資料來源：作者整理製表

表 58　大陸地區人民申請商務活動交流之個別應備文件一覽表

交流類型	邀請單位資格	申請人資格	應備文件
演講	1. 本國企業、僑外投資事業：年度營業額達新台幣 1 千萬元，或為新設且資本額達新台幣 5 百萬元。	1. 專業負責人或經理人。 2. 專門性或技術性人員。	1. 最近公司設立（變更）登記表或指派帶人報備表。同一年度曾申請大陸地區人民來台經核准者，得免附。

交流類型	邀請單位資格	申請人資格	應備文件
演講	2. 外國公司在台分公司：年度營業額達新台幣1千萬元，或為新設且營運資金達新台幣5百萬元。 3. 外國公司或大陸公司在台辦事處：年度採購實績達1百萬美元。但金融服務業在台辦事處不受此限制。		2. 前一年度營利事業所得稅結算申報書或採購實績證明影本。但新設企業或在金融服務業台辦事處或分公司，或同一年度曾申請大陸地區人民來台經核准者，得免附。
商務研習（含受訓）	4. 大陸公司在台分公司：年度營業額達新台幣1千萬元，或新設分公司且營運資金達新台幣5百萬元。 5. 自由港區事業：自由貿易港區設置管理條例第3條第2款。 6. 加工出口區：加工出口區設置管理條例第3條第1項。	1. 主管或技術人員：本國企業在外國貨大陸的投資事業、外國、大陸公司或其投資的事業。 2. 受訓：外國或大陸公司在台投資事業。	1. 研習（含受訓）課程表應明列研習之目標、方式、期間、課程、人數、項目、指導人員、時間配置與進度及研習場所。 2. 最近公司設立（變更）登記表或指派帶人報備表。同一年度曾申請大陸地區人民來台經核准者，得免附。 3. 前一年度營利事業所得稅結算申報書或採購實績證明影本。但新設企業或在金融服務業台辦事處或分公司，或

交流類型	邀請單位資格	申請人資格	應備文件
	7. 農業科技園區：同業科技園區設置管理條例第4條第2款。		同一年度曾申請大陸地區人民來台經核准者，得免附。
履約服務（含為邀請單位從事驗貨、售後服務、技術指導、培訓等）		1. 專業負責人或經理人。 2. 專門性或技術性人員。	1. 契約書影本或相關證明文件。 2. 最近公司設立（變更）登記表或指派帶人報備表。同一年度曾申請大陸地區人民來台經核准者，得免附。 3. 前一年度營利事業所得稅結算申報書或採購實績證明影本。但新設企業或在金融服務業台辦事處或分公司，或同一年度曾申請大陸地區人民來台經核准者，得免附。
跨國企業內部調動	跨國企業在台之母公司、本公司、分公司或子公司。	負責人、經理人或從事專門性、技術性服務，且任職滿1年者。	邀請單位資格之相關證明文件。但最近1年內已提送者，得免附。

交流類型	邀請單位資格	申請人資格	應備文件
短期商務活動交流（含商務訪問、會議、考察、參加展覽、參觀展覽、海空運服務）	經核准設立有案之： 1. 本國企業 2. 僑外投資事業 3. 外國公司在台分公司 4. 外國公司或大陸公司在台辦事處 5. 大陸公司在台分公司 6. 航空（運）公司在台灣之代理人	1. 專業負責人或經理人。 2. 專門性或技術性人員。	最近公司設立（變更）登記表或指派帶人報備表。同一年度曾申請大陸地區人民來台經核准者，得免附。

資料來源：作者整理製表

☞小常識：跨國企業的資格及申請數額限制

跨國企業的母公司或本公司必須符合以下資格之一：

1. 申請前 1 年於全世界資產達 20 億美元以上。

2. 經經濟部核發營運總部認定函。

3. 國內員工數目達 100 人以上，且其中 50 人具專科以上學歷。

4. 國內年營業收入淨額達新台幣 10 億元以上。

5. 區域年營業收入淨額達新台幣 15 億元以上。

申請數額的限制，會依其母公司或本公司所設之的地區不同而有差異：

1. 設立在外國：符合上述 5 項資格之公司，無申請數額限制。

2. 設立在台灣：公司符合經經濟部核發營運總部認定函者，來台停留期限 1 年以上，數額為 10 人；停留期限未滿 1 年者，數額為 20 人。

3. 設立在香港或澳門：符合上述 5 項資格，申請來台停留期限 1 年以上，數額為 10 人；停留期限未滿 1 年者，數額為 20 人。

表 59　大陸地區人民申請商務活動交流之停留延期等規定一覽表

事由	停留期間	證件別	延期	同行或隨行
演講	1 個月	原則： 發給單次入出境許可證。 例外： 發給逐次或多次入出境許可證。	×	可同行
商務研習	原則：1 個月 例外：3 個月（在台有領有經濟部核發認定函之營運總部，或有經濟部核發證明之研發中心）			×
履約活動	3 個月			可同行

事由		停留期間	證件別	延期	同行或隨行
跨國企業內部調動		3 年	1.單次 2.逐次或多次	有繼續服務之必要者，得申請延期，每次不逾 3 年	可同行及隨行
短期商務活動	商務訪問、會議、考察、參加展覽及參觀展覽	1 個月	1.單次 2.逐次或多次	可延期，總停留不得逾 2 年	可同行
	海空運服務	1.因任務需要之機組員、船員：7 日。 2.技術人員：不得超過 4 個月。 3.機組員、船員臨時停留：不得超過 3 天；因其事故者，不得超過 7 天。	1.機組員：單次、1-3 年逐次、多次。 2.船員：單次、1 年逐次、多次。臨時調度得申請單次證。 3.技術人員：單次、1 年逐次。 4.機組員、船員因航行任務、疾病、災變或其他特殊事故得向移民署國境大隊申請臨時停留許可證。	✕	✕

資料來源：作者整理製表

☞ **小常識：申請商務活動多次入出境許可證資格**

　　大陸地區人民來台從事商務活動，如果想要申請 1 至 3 年的多次入出境許可證，就必須有以下的資格：

　　1、邀請單位年度營業額達新台幣 5,000 萬元以上。

　　2、邀請單位屬於自由貿易港區設置管理條例之自由港區事業或加工出口區設置管理條例所定之區內事業或農業科技園區設置管理條例所定之園區事業。

　　3、旅居海外之大陸地區人民。

　　4、大陸年度營業額達新台幣 100 億元以上企業之負責人或經理人。

　　5、大陸股票上市公司之負責人或經理人。

　　6、最近 12 個月內曾經許可來台從事商務活動交流達 2 次以上。

　　7、持經大陸機關出具訪問或交流事由之證明文件（F 或 Y 簽注之通行證）。

三、醫療服務交流

　　台灣的醫療品質舉世聞名，也致力推動國際醫療，當然也歡迎大陸地區人民來台接受醫療服務，以及健康檢查和美容醫學服務（簡稱健檢醫美），不過要來台接受這些高品質

的服務，除了必須有一定的條件，也需符合台灣衛生福利主
管機關的相關規定，以下將一一說明相關規定。

（一）就醫、同行照護

　　大陸地區人民必須患有經衛生福利部公告可以在台灣接
受醫療服務的疾病，才可以申請進入台灣就醫，並且要在衛
生福利部公告的醫療機構就醫，不能自行到處求醫。

> 👉 **小常識：衛生福利部公告可接受醫療服務的疫病及醫療機構哪裡查？**
>
> 　　醫療的事項，是屬於衛生福利部醫事司的業務，因此相關資訊，都要在醫事司的官方網站（https://dep.mohw.gov.tw/DOMA/mp-106.html），查詢「外籍人士及大陸地區人民得於台灣地區接受醫療服務之疾病」，以及「醫療服務國際化推動計畫會員機構名單」。

　　大陸地區人民要來台灣就醫，原則上是要先向醫院取得
聯繫並經過評估同意後，才由醫院或委託人代大陸地區人民
向移民署提出申請，相關的申請資訊及應注意的事項整理如
表 60，供讀者參考。

表 60　大陸地區人民申請醫療服務基本應備文件一覽表

項目／條件	說明
誰可以辦	1. 符合衛福部規定可來台就醫者。 2. 來台就醫之配偶或 3 親等內親屬 2 名同行（隨行親屬）。 3. 必要時得申請 2 位大陸醫事人員同行（同行照護）。
要帶什麼	1. 申請書，並貼 2 年內正面彩色脫帽相片 1 張（同身分證規格）。 2. 大陸地區居民身分證影本、其他證照或足資證明身分文件影本。 3. 申請人在國外或香港、澳門者，應另檢附國外再入境簽證或居留證，或香港、澳門身分證。 4. 隨行親屬須檢附經驗證之親屬關係公證書（曾來台且提出親屬關係公證書者，於申請書旁載明「曾經來台」，並經申請人或代申請人簽名，得免附。但若查無，仍應依通知補件）。 5. 同行照護：照護傷病返台國人或來台就醫的大陸地區人民，須檢附同行必要性之說明書、專業證明文件、申請人之醫療計畫、療程表等文件。 6. 醫療機構代申請大陸地區人民來台接受醫療服務申請表正本（表明願意提供醫療服務與負擔申請人因違規違常遭強制出境及收容時之相關費用）。 7. 醫療計畫及療程表（應敘明醫療全程時間）。 8. 保證書：保證人應出具親自簽名之保證書，及保證人國民身分證正、影本（正本驗畢退還），並由移民署各縣市服務站查核（保證人資格請參閱保證書背面之說明），由就診之醫療機構出具同意函正本者無需檢附。
申請方式	由符合中央衛生福利主管機關公告之醫療機構代向移民署各縣市服務站申請（不受理郵寄申請）
申辦時間	5 個工作天（不含退補件、郵寄等時間）。
申辦費用	單次及 1-3 年逐次加簽入出境許可證：新台幣 600 元

資料來源：作者整理製表

> **☞ 小叮嚀：來台就醫可否延期呢？**
>
> 　　1. 大陸地區人民申請來台接受醫療服務，其停留期間不得逾 3 個月，必要時得延長之，每次延期不得逾 3 個月，回診者其在台停留天數另增加 5 天，但不得逾 3 個月之效期。
>
> 　　2. 隨行照料之親屬發給與申請人相同之停留期間；同行照護之醫事人員，依活動行程核定停留期間，最長不得逾 3 個月。

（二）健檢醫美

　　大家都知道在韓國醫美旅遊行程相當熱門，但是台灣的健檢設備和醫美技術可是一點都不輸給韓國，當然也歡迎大陸地區人民來台付費享受高級的健檢醫美服務，在完成醫院的健檢醫美服務後，也可再搭配台灣旅行社安排的行程，留在台灣玩個幾天，可以說是台版的醫美旅遊行程。

　　想要申請來台灣享受健檢醫美的服務，原則上是要由醫院向移民署提出申請。由於通常來台健檢醫美的大陸地區人民，都會再搭配在台旅遊行程，因此醫院也和台灣旅行社合作，共同創造商機，故而大陸地區人民就可以透過與台灣旅行社合作的大陸旅行社代辦相關來台的手續。

☞ 小常識：台灣接待陸客健檢醫美的醫療院所有哪些？

　　台灣目前有 88 家醫療院所可以辦理大陸地區人民健檢醫美的業務，但是因為這些醫療院所都是經過衛生福利部審核同意，所以可能都會有異動的情形，各位讀者可以到衛生福利部的官方網站（https：//www.mohw.gov.tw/）或台灣國際醫療全球資訊網（https：//www.medicaltravel.org.tw/），去查詢「得代申請大陸地區人民進入台灣地區進行健康檢查及美容醫學之醫療機構名單」，確定合格的醫療院所名單。

　　接下來，本書將介紹大陸地區人民申請來台健檢醫美的方式及相關應備文件整理如表 61 與表 62。

表 61　大陸地區人民申請健檢醫美基本應備文件一覽表

項目／條件	說明
誰可以辦	1. 年滿 20 歲，且符合下列其中一項： （1）新台幣 20 萬以上存款。 （2）持有銀行核發的金卡。 （3）年工資所得相當於新台幣 50 萬元以上。 2. 申請人之配偶及直系血親得同時申請入台接受健檢醫美。若未滿 18 歲，得免接受健檢醫美。

項目／條件	說明

要帶什麼	1. 申請書（於線上系統填寫，免印紙本）。
	2. 大陸身分證影本或其他證明身分之文件影本。
	3. 2 年內正面彩色脫帽相片 1 張（同身分證規格）。
	4. 資格證明文件：如申請人 6 個月內在台有涉刑案，所檢附之財力證明一律經海基會驗證。
	  （1）以新台幣 20 萬以上存款資格申請者，檢附最近 3 個月開立之存款證明或最近 1 個月內帳戶流水單（須蓋有金融機構章戳）。
	  （2）以持有銀行核發的金卡資格申請者，信用卡證明文件，或信用卡彩色掃描檔。
	  （3）以年工資所得相當於新台幣 50 萬元以上資格申請者，檢附最近 3 個月內經海基會驗證之薪資所得證明文件（須蓋公司章戳、開立日期及任職 1 年以上之薪資證明）。若醫療機構最近 6 個月內未被扣繳保證金或未經主管機關予以處分者，得不須經海基會驗證。
	5. 健檢醫美服務計畫書。離台超過 6 個月再申請來台者，須檢附醫療機構說明書（說明前次與本次檢查項目種類區別）。
	6. 同行之配偶或直系血親應檢附與申請人之親屬關係證明（如：出生證明、結婚證書、公安開立並蓋有章戳之親屬證明或同戶者之全戶戶口簿）。
	7. 醫療機構開立之收據：
	  （1）開立給個人：醫學中心開立者，每人不得低於新台幣 20,000 元，非醫學中心開立者，每人不得低於新台幣 15,000 元。
	  （2）開立給代辦旅行社：以 A 收費標準乘以申請人，並載明接受健檢醫美如○○○等○人，且附上申請人員名冊。
	8. 委託書：旅行社代送件須檢附委託書。
	9. 申請人在國外、香港或澳門，須檢附再入境國外簽證、居留證、香港或澳門身分證影本。

項目／條件	說明
要帶什麼	10. 移民署服務站於審核健檢醫美案件時，如認個案所附資格證明文件有疑慮，得要求該個案所附資格證明文件須經海基會驗（查）證。
申請方式	採線上申請。醫療機構或經交通部觀光局依大陸地區人民來台從事觀光活動許可辦法第 10 條規定核准且未經廢止或停止辦理大陸地區人民來台相關業務之旅行業到移民署「大陸港澳地區短期入臺線上申請暨發證管理系統」（網址：http：//www.immigration.gov.tw/mp.asp?mp=mt）代申請。
申辦時間	審核期間為 2 個工作天（48 小時，不含國定及例假日；如退（補）件，審核期間重新計算）。
申辦費用	新台幣 600 元，於線上系統申請時繳納。

資料來源：作者整理製表

表 62　大陸地區人民申請醫療服務交流之停留延期等規定一覽表

	停留期限	證件別	延期	同行或隨行
就醫	3 個月	1. 單次 2. 1-3 年逐次	1 次延 3 個月	配偶或 3 親等內親屬 2 人隨行
同行照護	最多不得逾 3 個月	單次	✕	✕
健檢醫美	不得逾 15 日	單次	✕	1. 配偶或直系血親得同行接受健檢醫美。 2. 18 歲以下得免接受健檢醫美。

資料來源：作者整理製表

四、觀光活動交流

　　台灣是一個擁有好山好水好風光，非常適合觀光旅遊的寶島，每年都吸引接近千萬的外來旅客來台，其中也不乏大陸旅客，然而在本書編輯的期間，適逢兩岸政治關係對峙，再加上 covid-19 肺炎疫情的影響，台灣的觀光產業受到重創，大陸旅客也無法來台灣旅遊，但是相信疫情一過，兩岸關係趨緩，台灣的觀光業還是歡迎大陸旅客來台旅遊。

☞ 小常識：陸客來台觀光的類型

　　大陸旅客來台觀光大致上可分為三類，申請人如果來台觀光，在移民署核發的入出境許可證上都會看到「第一類」、「第三類」等字樣，但是在相關法令上並沒有解釋什麼是第一類、什麼是第三類，在這裡簡單跟各位讀者說明一下陸客來台觀光的類別。

　　第一類觀光：團體旅遊且從大陸地區直航來台，旅客必須團進團出，在台也要依照行程團體活動，一團最少 5 人，最多 40 人。

　　第二類觀光：也是團體旅遊的一種，但是旅客是先從大陸去第三國，再轉機來台灣旅遊，回程時，也要先從台灣回到第三國，再返回大陸。但是自 2008 年

兩岸開放直航後，大陸旅客就沒有再以第二類觀光的模式來台了。

　　第三類觀光：是指長期旅居在外國的大陸地區人民，從居留的國家，直接申請來台觀光。

　　個人旅遊：以個人申請的方式，從大陸地區直航來台灣旅遊，也就是一般通稱的背包客，可在台灣各地自由旅行。

　　以下本書就針對大陸旅客來台觀光的各類模式個別介紹，由於因為目前已經沒有所謂的第二類觀光模式，因此將不介紹。

（一）個人旅遊

　　個人旅遊在台停留自入境翌日起算 15 天，且每年總停留不得超過 120 天。原則上不得延期，但若因疾病住院、災變或其他特殊事故不能出境者，應於停留屆滿前 3 日檢附相關證明文件（例如診斷證明書等），由代辦旅行社填具延期申請書，並持入出境許可證正本到移民署服務站申請延期，每次不得延超過 7 日。

　　並不是所有大陸地區人民都可以申請來台個人旅遊，必須居住於公告指定之 47 個城市（北京、天津、石家莊、太原、呼和浩特、瀋陽、大連、長春、哈爾濱、上海、南京、

無錫、徐州、常州、蘇州、杭州、寧波、溫州、舟山、合肥、福州、廈門、泉州、漳州、龍岩、南昌、濟南、青島、煙台、威海、鄭州、武漢、長沙、廣州、深圳、惠州、中山、南寧、桂林、海口、重慶、成都、貴陽、昆明、西安、蘭州、銀川）才可申請來台個人旅遊。

　　申請來台個人旅遊可以申請單次入出境許可證，或是選擇 1 年多次入出境許可證。但選擇多次證的前提是必須 1 年來台至少 2 次，才符合申請資格。

　　那麼，居住在 47 個城市的大陸地區人民若想要來台個人旅遊，要符合哪些資格才能申請來台灣呢？需要準備的文件又有哪些？本書整理如表 63 供大家參考。

表 63　大陸地區人民申請個人旅遊應備文件一覽表

項目／條件	說明
誰可以辦	1. 年滿 20 歲，且符合下列其中一項，直系血親及配偶得隨同申請： （1）新台幣 10 萬元以上存款（存款至少 1 個月）。 （2）銀行核發之金卡。 （3）年工資相當於新台幣 50 萬元以上。 （4）其他國家有效簽證或居留證（美國、加拿大、英國、日本、韓國、澳洲、紐西蘭、歐盟申根）。 2. 18 歲以上在學學生。

項目／條件	說明
要帶什麼	1. 申請書（線上登錄）。 2. 2 年內正面彩色脫帽相片 1 張（同身分證規格）。 3. 大陸地區所發效期尚餘 6 個月以上之大陸居民往來台灣通行證及簽注事由為「G」（個人旅遊）之通行證簽注頁。 4. 資格證明 　（1）金融機構開立之證明（需蓋金融機構章戳）。 　（2）金卡掃描檔。 　（3）3 個月內開立年工資相當於新台幣 50 萬元之證明（需蓋公司章戳、任職至少 1 年之證明）。 　（4）其他國家有效簽證或居留證之證明。 　（5）18 歲以上學生須出示在學證明、錄取通知或畢業證書；20 歲以下學生須檢附直系尊親屬同意書。 5. 提醒：最近 3 年曾提出上述（1）、（2）或（3）之財力證明，且無違規情形，本次申請單次入出境許可證者，得免附財力證明文件。 6. 緊急連絡人：由人在大陸之已成年親屬擔任，若無，則由大陸組團社負責人或主管擔任。 7. 投保旅遊相關保險（投保期間應包含核准來台停留期間） 　（1）傷害、突發疾病醫療及善後費用。 　（2）意外事故死亡金額最低須為新台幣 200 萬元。 　（3）因意外事故導致體傷及突發疾病所致之醫療費用最低須為新台幣 50 萬元。 8. 有隨行親屬者，須檢附親屬關係證明書。 9. 其他說明書、切結書等相關文件。 提醒移民署於審核大陸製作之文書時（如親屬關係證明、在職證明等），得要求經海基會驗證。

項目／條件	說明
申請方式	採線上申請 1. 申請人：將應備資料交給大陸組團社。 2. 大陸組團社：將申請人資料掃瞄上傳至移民署「大陸港澳地區短期入台線上申請暨發證系統」之「大陸地區人民申請來台從事觀光活動（團體及個人旅遊）」線上申請系統（離線版），再將資料傳送給台灣的旅行社（大陸組團社與台灣旅行社之間簽有合作契約）。 3. 台灣旅行社：台灣旅行社必須先經過交通部觀光局核准得辦理大陸地區人民的個人旅遊業務，並已繳納保證金，才能代辦申請。台灣旅行社到移民署「大陸港澳地區短期入台線上申請暨發證系統」之「大陸地區人民申請來臺從事觀光活動（團體及個人旅遊）」申請（網址：https：//pb.immigration.gov.tw/login/entrance）。 4. 中華民國旅行商業同業公會全國聯合會（簡稱全聯會）：台灣旅行社得委託全聯會申請。
申辦時間	審核期間為 2 個工作天（不含退補件）。
申辦費用	1. 單次入台證：新台幣 600 元。 2. 1 年逐次加簽證：新台幣 600 元。 3. 1 年多次入出境許可證：新台幣 1,000 元。

資料來源：作者整理製表

☞ 小叮嚀：

　　經許可來台從事觀光活動之隨行親屬，不得較申請人早進入台灣，也不得較申請人晚離開台灣。

（二）第一類觀光——團體旅遊

　　如果沒有來過台灣的大陸旅客，對於台灣的旅遊景點及交通環境不熟悉，不知道如何規劃來台旅遊，那也可以透過大陸旅行社組成旅遊團，將團客資料交給合作的台灣旅行社，代向移民署提出申請，從大陸直航以團進團出的方式來台從事套裝行程旅遊，但是團體旅遊的陸客只能依旅行社規劃的行程活動，如果想要半途離團訪友或探親，一定要事先向台灣導遊提出申請，並向觀光通報同意後，才可以離團，未經同意脫團活動，可是違法的行為。

　　團體旅遊在台停留期限自入境翌日起算 15 天，且每年總停留不得超過 120 天。原則上不得延期，但若因疾病住院、災變或其他特殊事故不能出境者，應於停留屆滿前 3 日檢附相關證明文件（例如診斷證明書等）、延期申請書、入出境許可證正本，由旅行社到移民署服務站申請延期，每次不得延超過 7 日。以下針對大陸旅客來台團體旅遊的條件和應備文件整理如表 64，作更詳細的介紹：

表 64　大陸地區人民申請團體旅遊應備文件一覽表

項目／條件	說明
誰可以辦	1. 在大陸地區有固定正當職業或學生。 2. 有等值新台幣 10 萬元以上之存款，並備有大陸地區金融機構出具之證明者；或持有經主管機關公告之其他國家有效簽證。 3. 持有經大陸地區機關出具之證明文件者（如：大陸居民往來台灣通行證）。

項目／條件	說明
要帶什麼	1. 申請書（線上登錄）。 2. 2 年內正面彩色脫帽相片 1 張（同身分證規格）。 3. 大陸地區居民身分證、大陸地區所發尚餘 6 個月以上效期之大陸居民往來台灣通行證（以下簡稱通行證）。尚未取得居民身分證之未成年申請人，請檢附常住人口登記卡。 4. 團體名冊（第 1 位應為領隊，且於備註欄註明「領隊」，並附領隊執照影本及大陸地區旅行社從業人員在職證明）。 5. 資格證明： （1）固定正常職業：員工證件、在職證明或薪資所得證明。 （2）學生：有效學生證或在學證明。 （3）等值新台幣 10 萬元以上存款證明，檢附下列文件之一： 　　A. 存款證明（家庭成員同時申請得以 1 人存摺代替，但平均每人應達新台幣 10 萬以上）。 　　B. 等值新台幣 10 萬元之基金或股票。 　　C. 等值新台幣 10 萬元之不動產估價（1 個月內開立）。 （4）已退休檢附退休證明。 （5）其他國家有效簽證或居留證之證明（取得配賦當日，簽證在有效期間內，屬有效簽證）。 6. 家庭成員係指配偶、直系血親或居住同一戶籍具有親屬關係者。家庭成員應檢附親屬關係證明或常住人口登記卡。 7. 未成年無直系尊親屬陪同來台者，應檢附直系尊親屬同意書及親屬關係證明文件（如：同戶者檢附全戶戶口簿，未同戶或無法據以判別親屬關係者得檢附出生證明或公安出具並蓋有章戳之證明文件）。

項目／條件	說明
申請方式	採線上申請。 1. 申請人：將應備資料交給大陸組團社。 2. 大陸組團社：將申請人資料掃瞄上傳至移民署「大陸港澳地區短期入台線上申請暨發證系統」之「大陸地區人民申請來臺從事觀光活動（團體及個人旅遊）」線上申請系統（離線版），再將資料傳送給台灣的旅行社（大陸組團社與台灣旅行社之間簽有合作契約）。 3. 台灣旅行社：台灣旅行社到移民署「大陸港澳地區短期入台線上申請暨發證系統」之「大陸地區人民申請來臺從事觀光活動（團體及個人旅遊）」申請（網址：https：//pb.immigration.gov.tw/login/entrance）。 4. 中華民國旅行商業同業公會全國聯合會（簡稱全聯會）：台灣旅行社得委託全聯會申請。

資料來源：作者整理製表

（三）第三類觀光

　　長期居住在國外或香港、澳門的大陸旅客，如果想要來台灣觀光，不用先回大陸地區，就可以直接向居住地的台灣駐外館處或辦事處申請來台觀光，但是只限於長期在當地居住的大陸地區人民；如果只是到外國或香港、澳門短期旅遊或探親，是不能直接申請第三類觀光來台旅遊。

　　第三類觀光性質與個人旅遊雷同，都不須跟著旅行社跑行程，可以自行安排食宿。但不同的是，第三類觀光對於申請多次證並沒有像個人旅遊一樣，有 1 年內來台 2 次的規定，沒有來過台灣，也可以直接申請 1 年多次入出境許可證。但

　　要注意，雖然可以申請多次入出國許可證，仍有每次停留不得逾 15 日以及 1 年在台總停留期間不得超過 120 天的規定。

　　而延期的規定與個人旅遊及團體旅遊規定相同，原則上不得延期，但若因疾病住院、災變或其他特殊事故不能出境者，應於停留屆滿前 3 日檢附相關證明文件（例如診斷證明書）、延期申請書、入出境許可證正本，親自到移民署服務站申請延期，每次不得延超過 7 日。以下將第三類觀光的申請條件和應備文件整理如表 65 與表 66。

表 65　大陸地區人民申請第三類觀光應備文件一覽表

項目／條件		說明
誰可以辦		1. 留學者。 2. 旅居 1 年以上且領有工作證明。 3. 取得永久居留權。 4. 依親居留且有等值新台幣 10 萬元以上存款者。 5. 旅居未滿 4 年但已取得國籍者。 6. 配偶或 2 親等血親隨行旅居國外或香港、澳門。
要帶什麼	有駐外祕書	1. 申請書（線上登錄）。 2. 2 年內正面彩色脫帽相片 1 張（同身分證規格）。 3. 大陸地區所發尚餘 6 個月以上效期之護照或香港、澳門核發之旅行證件（掃描上傳）。
	無駐外祕書	1. 申請書，並貼 2 年內正面彩色脫帽相片 1 張（同身分證規格）。 2. 大陸地區或其授權所發尚餘 6 個月以上效期之護照或香港、澳門核發之旅行證件影本。

項目／條件		說明
要帶什麼	橫濱、墨爾本	1. 2 年內正面彩色脫帽相片 1 張（同身分證規格）。 2. 大陸地區或其授權所發尚餘 6 個月以上效期之護照或香港、澳門核發之旅行證件（掃描上傳）。
申請方式	有駐外祕書	至中華民國內政部移民署境外人士線上申辦系統（網址：https：//coa.immigration.gov.tw/coa-frontend/overseas-foreign-china）線上申請。
	無駐外祕書	至我國駐外館處臨櫃送申請案。資料經外館審查註記後可選擇由外館直接寄回台灣辦理，再前往外館領取入出境許可證或檢附回郵信封。也可自行將資料寄回台灣後再委託旅行社代向移民署服務站申請，領到證後再寄給申請人。
	橫濱、墨爾本	必須先至線上登錄資料後（網址：https：//csts.immigration.gov.tw/HKMO/home/index），再跟外館預約時間自行或委託旅行社將應備文件送至駐外館處辦理並繳費，一樣可以檢附回郵信封或親自到外館領證。
申辦時間		審核期間為受理申請翌日起 5 個工作天（不含退補件）。
申辦費用		1. 單次入台證：新台幣 600 元。 2. 1 年多次入出境許可證：新台幣 1,000 元。

資料來源：作者整理製表

表 66　大陸地區人民申請申請第三類觀光
個別應備文件一覽表

申請對象	應備文件
留學者	1. 有效學生證或最近 3 個月內開立之在學證明。 2. 再入境簽證，未成年者應檢附父母同意書及親屬關係證明（如：出生證明、公安關係證明或同戶之常住人口登記卡）。
旅居 1 年以上且領有工作證明	1. 護照內頁章戳（由入出境查驗章戳紀錄須足資證明有最近 1 年以上期間旅居國外或香港、澳門之事實）。 2. 當地工作許可證明。
取得永久居留權	永久居留證明文件，未成年者應檢附父母同意書及親屬關係證明（如：出生證明、公安關係證明或同戶之常住人口登記卡）。
依親居留且有等值新台幣 10 萬元以上存款者	1. 依親居留權證明。 2. 等值新台幣 10 萬元以上之金融機構最近 1 個月內之存款證明。
旅居未滿 4 年但已取得國籍者	大陸地區所發護照或其他足資證明身分文件（2 擇 1），證明其原來為大陸地區人民身分（例如歸化第三國時相關申請文件影本，或原在大陸地區之常住戶口證明）。
配偶或 2 親等血親隨行旅居國外或香港、澳門	親屬關係證明文件（如：出生證明、結婚證書或當地政府機關出具之證明文件）。

資料來源：作者整理製表

第 9 章　大陸地區人民來台居留和定居

　　由於兩岸關係特殊，台灣政府開放大陸地區人民來台居留或定居的事由相當少，除了結婚來台的大陸配偶以外，就只有六大類的長期居留事由，並沒有一般性的居留事由，因此一般的大陸地區人民是沒有辦法申請來台居留或定居的。

　　同時，因為大陸地區人民申請在台居留和定居的審核程序也比較嚴格，所以並不像部分停留的事由可以在線上申辦，居留和定居都必須詳細填表臨櫃申辦，甚至視情況還要接受移民署專勤隊的訪查及面談，接下來就分別作進一步的介紹。

一、居留及長期居留

（一）依親居留

　　大陸配偶以團聚事由申請來台，經面談通過入境後，準備好相關的文件，就可以申請依親居留，因此依親居留是大陸配偶專用的申請事由，一般大陸地區人民並不能申辦依親居留。要特別注意的是，要申請依親居留以前，一定要先在大陸完成經過海基會驗證良民證，所以當大陸地區人民以團

聚事由入境時，就已經要事先申辦好良民證及辦理公證和驗證，如此才能在入境後，用最快的時間申請依親居留，表 67說明申請依親居留的應備文件。

表 67　大陸地區人民申請依親居留應備文件一覽表

項目／條件	說明
要帶什麼	1. 申請書，並貼 2 年內正面彩色脫帽相片 1 張（同身分證規格）。 2. 申請在台依親居留資料表。 3. 原入出境許可證（事由為團聚）。 4. 最近 3 個月內所開具之刑事紀錄證明公證書。（最近 5 年內在大陸地區、海外地區居住期間刑事【警察】紀錄，由大陸或海外地區開具之證明文件，須經海基會或我駐外單位完成驗證手續）。 5. 中央衛生主管機關指定醫院所出具之健康檢查合格證明，最近 3 個月內健康檢查合格證明，且符合其訂定之居留或定居健康檢查項目表；妊娠孕婦可免接受胸部 X 光檢查。 6. 申請時剩餘效期 1 個月以上之大陸地區證照影本、居民身分證影本或其他足資證明居民身分之文件影本。 7. 依親對象之戶口名簿或身分證正、影本（須登載大陸配偶姓名及結婚日期）。 8. 婚姻存續期間台灣配偶死亡，陸配未再婚，須檢附台配死亡文件（如國民身分證或戶口名簿正、影本或法院判決書），及未再婚相關證明文件（須經海基會驗證）。 9. 其他相關證明文件。 10. 委託書（委託親友代申請時）。

項目／條件	說明
申請方式	1. 第一次申請必須親自至移民署服務站送依親居留申請案。 2. 須按捺指紋後才能親自或委託親友、移民業務機構、甲種以上旅行社提出申請。
停留期限	1 年多次入出境許可證，但大陸旅行證件效期不足 1 年者，依親居留證效期得縮短。
延期規定	1 次延期 2 年 6 個月（旅行證件效期不足，得縮短停留期限）。 效期屆滿前 3 個月內檢附： 1. 延期申請書。 2. 居留證。 3. 婚姻存續中或依親對象死亡且本人未再婚，或離婚後行使有戶籍之未成年子女撫養權之證明。 4. 其他相關文件。
申辦時間	5 個工作天（不含製卡時間 3 天及郵寄時間）。
申辦費用	1. 依親居留證副本：新台幣 2,300 元（人在境外） 2. 依親居留證：新台幣 2,000 元

資料來源：作者整理製表

（二）長期居留

　　大陸地區人民申請在台長期居留，可以分為大陸配偶的長期居留及符合政治、經濟、教育、科技、文化及社會考量的專案長期居留，本書分別將相關申請的資格及應備文件整理成表 68 至表 70，提供讀者參考。

表 68 　大陸地區人民申請長期居留應備文件一覽表

項目／條件	說明
誰可以辦	台灣人民的大陸配偶在台依親居留滿 4 年，每年在台合法居住超過 183 天。
要帶什麼	1. 申請書，並貼 2 年內正面彩色脫帽相片 1 張（同身分證規格）。 2. 依親居留證。 3. 刑事紀錄證明之公證書：需有 5 年內刑事「警察」紀錄及最近 3 個月內由大陸或海外地區開具之證明文件，須經海基會或我駐外單位完成驗證手續。 4. 中央衛生主管機關指定醫院所出具之健康檢查合格證明，最近 3 個月內健康檢查合格證明，且符合其訂定之居留或定居健康檢查項目表；妊娠孕婦可免接受「胸部 X 光檢查」。 5. 申請時剩餘效期 1 個月以上之大陸地區證照影本、居民身分證影本或其他足資證明居民身分之文件影本。 6. 婚姻存續中，提供身分證或戶口名簿正、影本。 7. 依親對象死亡，提供身分證或戶口名簿正、影本、未再婚證明（經海基會驗證）。 8. 離婚對有戶籍未成年子女行使負擔義務之證明，應提供法院判決書及其他相關證明（移民署會派員訪查）。 9. 居留被廢止將對有戶籍未成年子女造成重大難以回復損害之虞，應提供相關證明（移民署會派員訪查）。 10. 委託書（旅行社代申請時得免附，但須於申請書上加蓋旅行社及負責人章戳）。
申請方式	臨櫃申請。須按捺指紋後才能親自或委託親友、移民業務機構、甲種以上旅行社提出申請。
停留期限	3 年多次入出境許可證，但大陸旅行證件效期不足 3 年者，居留證效期得縮短。

項目／條件	說明
延期規定	1 次延期 2 年 6 個月（旅行證件效期不足，得縮短停留期限）。 效期屆滿前 3 個月內檢附： 1. 延期申請書。 2. 居留證。 3. 婚姻存續中或依親對象死亡且本人未再婚，或離婚後對有戶籍未成年子女有行使負擔權利義務之證明。 4. 其他相關文件。
申辦時間	10 個工作天。
申辦費用	1. 長期居留證副本：新台幣 2,900 元（人在境外） 2. 長期居留證：新台幣 2,600 元

資料來源：作者整理製表

表 69　大陸地區人民申請專案居留（不含社會考量）資格一覽表

項目／條件	說明
政治考量	1. 對台灣國防安全、國際形象或社會安定有特殊貢獻。 2. 提供有價值資料，有利於台灣對大陸的了解。 3. 具有崇高傳統政教地位，有重大影響力。 4. 對國家有特殊貢獻，經有關單位舉證屬實。 5. 領導民主運動有傑出表現之具體事實及受迫害之立即危險。
經濟考量	1. 在產業技術上有傑出成就，能實際促進台灣產業升級。 2. 在金融專業技術或實際操作上有傑出，能促進台灣金融發展。 3. 在新興工業等有專業技術，確為台灣所急需或短期內不易培育。 4. 在數位、電子等方面有成績，確為台灣所急需或短期內不易培育。

項目／條件	說明
教育考量	1. 曾獲諾貝爾獎。 2. 曾獲國際學術獎，於學術領域界具有崇高地位，為台灣迫切需要。 3. 曾參加國際藝術展演，其特殊才能為台灣地區少有。 4. 曾獲優秀專業獎，具有研究創新，為台灣迫切需要。 5. 曾獲奧林匹克運動會前 3 名或亞洲運動會第 1 名成績，有助提升我國運動員代表隊實力。 6. 曾擔任大陸代表隊教練，其選手曾獲奧林匹克運動會前 5 名或亞洲運動會前 3 名成績，並經中央目的事業主管機關核定受聘於我國運動代表隊之培訓教練。
科技考量	1. 在基礎及應用科學領域有傑出成就，為台灣迫切需要，且曾任著名大學或研究機構之教授、副教授（研究員、副研究員），最近 5 年有發表著作。 2. 在特殊領域有傑出成就，並在著名大學有博士學位後執行專門職業 4 年以上且成績優秀。 3. 具有台灣地區所急需之特殊科學技術，並有豐富工作經驗。
文化考量	1. 民俗技藝領域有卓越才能，並獲延攬，在台期間績效卓越。 2. 對中華文化之維護及發揚有特殊貢獻，並有豐富工作經驗或具體重大成就。 3. 曾獲頒重要文化勳章，並在傳播領域有研究創建或特殊造詣。 4. 曾獲國際著名影展、廣播電視節目競賽主要個人獎，或其他國際著名獎項，並在文化傳承及創新有卓越貢獻。

資料來源：作者整理製表

表 70　大陸地區人民申請專案居留（不含社會考量）應備文件一覽表

要帶什麼	1. 申請書，並貼 2 年內正面彩色脫帽相片 1 張（同身分證規格）。 2. 入出境許可證。 3. 保證書：應檢附台灣人民符合下列條件者出具之保證書。 　（1）年滿 20 歲。 　（2）有正當職業或相當財力。 　（3）無違反《進入許可辦法》第 6 條第 1 項規定之紀錄。 　（4）保證人應出具親自簽名或蓋章之保證書，並由移民署查核。 4. 刑事紀錄證明之公證書，但申請人未成年者，免附（有數額限制者，於排至數額時繳附；最近 3 個月內由大陸或海外地區開具之證明文件，須經海基會或我駐外單位完成驗證手續）。 5. 中央衛生主管機關指定醫院所出具之健康檢查合格證明（有數額限制者，於排至數額時繳附；最近 3 個月有效，但人在大陸或海外地區者，得以具結書替代，俟入境後換發正本時補正）。 6. 申請時剩餘效期 1 個月以上之大陸地區證照影本、居民身分證影本或其他足資證明居民身分之文件影本。 7. 符合各領域相關證明文件。 8. 委託書（旅行社代申請時得免附，但須於申請書上加蓋旅行社及負責人章戳）。
申請方式	臨櫃申請。須按捺指紋後才能親自或委託親友、移民業務機構、甲種以上旅行社提出申請。
停留期限	3 年多次入出境許可證，但大陸旅行證件效期不足 3 年者，居留證效期得縮短。
延期規定	效期屆滿前 3 個月內檢附延期申請書、居留證、其他相關證明文件（如中央目的事業主管機關加註同意延期字樣證明）向移民署服務站提出申請。
申辦時間	10 個工作天。
申請費用	新台幣 2,600 元。

資料來源：作者整理製表

　　另外，社會考量的專案長期居留，因為和台灣家庭社會的關聯性較大，所以資格條件等規定也比較複雜，申請的人數也是所有專案長期居留中最多的一項，所以本書將社會考量的專案長期居留單獨區隔介紹如表 71 與表 72。

表 71　大陸地區人民申請社會考量專案居留資格及數額一覽表

申請資格	說明	每年數額
台灣人民的大陸子女	需為 20 歲以下的親生子女。（身分代碼 D0396）	不限
在台定居設籍之大陸配偶的大陸子女	需為 20 歲以下的親生子女。（身分代碼 D1093）	每年數額 300 人
台灣人民收養的大陸子女	收養對象需為台灣人民的大陸配偶在大陸地區之 20 歲以下子女（身分代碼 D1089）	每年數額 12 人
大陸配偶的大陸子女	16 歲以下曾在台合法停留（長期探親）連續滿 4 年，每年超過 183 日。（身分代碼 D1090）	每年數額 60 人
照顧台灣配偶之父母或未成年子女	台灣配偶死亡，為照顧台灣配偶 65 歲以上父母親或未成年子女（無其他法定撫養義務人時）（身分代碼 D1070）	每年數額 2 人

資料來源：作者整理製表

表 72　大陸地區人民申請社會考量專案居留應備文件一覽表

要帶什麼	1. 申請書，並貼 2 年內正面彩色脫帽相片 1 張（同身分證規格）。 2. 大陸常住人口卡或居民身分證影本（未於大陸設籍者，由申請人之法定代理人於大陸公證處聲明申請人未於大陸設籍，並經海基會驗證。如有外國護照，須一併攜至移民署服務站註記。）。 3. 經收養者，出具收養公證書及經台灣地方法院裁定認可文件影本。 4. 出生公證書正、影本及出生醫學證明。 5. 依親對象之戶口名簿正、影本（非婚生子女須先完成認領手續）。 6. 保證書：應檢附台灣人民符合下列條件者出具之保證書。 　（1）年滿 20 歲。 　（2）有正當職業或相當財力。 　（3）無違反《進入許可辦法》第 6 條第 1 項規定之紀錄。 　（4）保證人應出具親自簽名或蓋章之保證書，並由移民署查核。 7. 台灣醫院出具之健康檢查合格證明。（於核配數額時繳附）【未滿 6 歲者檢附完整預防接種證明影本替代】（最近 3 個月內有效；須由行政院衛生署指定之外勞健檢醫院檢查，且符合其訂定之健康證明應檢查項目表【乙表】；人在大陸或海外地區者，得以具結書替代，俟入境後換發正本時補正）。 8. 大陸人離婚後取得撫養權，應出具公證書（如法院離婚調解判決書），若為共同撫養者，應出具另一方之同意公證書（另一方死亡者，檢具死亡公證書）。 9. 其他相關證明文件。 10. 委託書（旅行社代申請時得免附，但須於申請書上加蓋旅行社及負責人章戳）。

申請方式	臨櫃申請。須按捺指紋後才能親自或委託親友、移民業務機構、甲種以上旅行社提出申請。
停留期限	3 年多次入出境許可證，但大陸旅行證件效期不足 3 年者，居留證效期得縮短。
延期規定	效期屆滿前 3 個月內檢附延期申請書、居留證、其他相關證明文件向移民署服務站提出申請。
申請費用	新台幣 2,600 元。

資料來源：作者整理製表

二、定居

不論是大陸配偶在台長期居留，或是在台專案長期居留的大陸地區人民，只要符合一定的居住期間及資格條件，就可以申請在台灣定居；另外，兩岸條例也有規定有一些台灣人民的大陸親屬，以及早期兩岸因戰亂關係所造成的一些身分特殊的大陸地區人民，可不用經過居留階段，就可以直接申請定居。

以下本書將針對各類申請定居的規定一一整理，但是由於兩岸戰亂時代相當久遠，已經極少有相關特殊身分的大陸地區人民申請來台定居，所以在這一部分，本書就不多作介紹。

（一）大陸配偶定居

首先先來介紹台灣人民的大陸配偶，大陸配偶來台灣要先經過團聚、依親居留 4 年、長期居留 2 年，所以在台灣至

少要居住超過 6 年以上的期間，才能申請定居；特別要注意
的是，在台灣長期居留的 2 年期間一定要連續，且每年合法
居留 183 天以上，長期居留的期間如果有返回大陸地區，每
次不可以超過 30 天，否則就要重新計算長期居留的期間，
也會影響到申請定居的期間。

　　表 73 是長期居留的大陸配偶申請定居的資格及應備文
件，提供各位讀者參考。

表 73　大陸配偶申請定居資格及應備文件一覽表

項目／條件	說明
誰可以辦	大陸地區人民為台灣人民之配偶，經許可在台灣長期居留連續滿 2 年，每年在台灣合法居留連續 2 年且每年居住超過 183 日（至少 184 日以上）、品行端正無犯罪紀錄、提出喪失原籍證明、符合國家利益。
要帶什麼	1. 申請書，並貼 2 年內正面彩色脫帽相片 1 張（同身分證規格）。 2. 原長期居留證。 3. 刑事紀錄證明之公證書。但申請人未成年者，免附（最近 3 個月內由大陸或海外地區開具並經海基會或駐外單位完成驗證手續）（在台灣長期居留期間，每次出境 3 個月以內者得免附之）。 4. 中央衛生主管機關指定醫院所出具之健康檢查合格證明（最近 3 個月內健康檢查合格證明，且符合其訂定之居留或定居健康檢查項目表；妊娠孕婦可免接受「胸部 X 光檢查」）（在台灣長期居留期間，每次出境 3 個月以內者得免附之）。

項目／條件	說明
	5. 申請時剩餘效期 1 個月以上之大陸地區證照影本、居民身分證影本或其他足資證明居民身分之文件影本。 6. 喪失原籍證明之公證書（經海基會驗證；得具結於定居後 3 個月內補繳）。 7. 出生公證書（記載出生地及父母姓名且經海基會驗證）。 8. 台灣配偶死亡者應檢附身分證、戶口名簿、或死亡證明文件。 9. 婚姻存續中，台灣配偶死亡，應檢附未再婚證明文件。 10. 離婚對有戶籍未成年子女行使負擔義務之證明，應提供法院判決書及其他相關證明（移民署會派員訪查）。 11. 居留被廢止將對有戶籍未成年子女造成重大難以回復損害之虞，應提供相關證明（移民署會派員訪查）。 12. 專案居留者，應檢附中央目的事業主管機關加註同意定居意見之證明。 13. 載有正確設籍地址之證明文件（戶口名簿、身分證、房屋所有權、近期房屋稅單、或租賃契約正、影本）。但設籍地址與依親對象相同且已檢附其國民身分證（或戶口名簿）者，免附。 14. 委託書（旅行社代申請時得免附，但須於申請書上加蓋旅行社及負責人章戳）。
申請方式	臨櫃申請。須按捺指紋後才能親自或委託親友、移民業務機構、甲種以上旅行社提出申請。
申請費用	新台幣 600 元。

資料來源：作者整理製表

☞ 小叮嚀：

　　如果大陸配偶申請定居時，因為【喪失原籍證明】不能在申請的時候繳交，而具結先領取定居證，一定要記得在許可定居之翌日起 3 個月內到移民署補繳，否則會被移民署撤銷定居許可，戶政事務所也會撤銷戶籍登記。

（二）大陸配偶之台灣配偶死亡，而必須在台照顧已設籍未成年子女

　　大陸配偶結婚來台後，如果台灣配偶不幸過世，而在台有已設籍的未成年的子女，或是台灣配偶的父母已經高齡 65 歲以上而沒有其他親屬可以照顧，就可以申請在台定居。因為留在台灣照顧未成年子女的情況比較常見，表 74 以照顧未成年子女的態樣，介紹大陸配偶申請定居的資格及應備文件。

表 74　大陸配偶因台灣配偶死亡申請定居資格及應備文件一覽表

項目／條件	說明
誰可以辦	台灣配偶死亡，須在台灣照顧已在台設籍之未成年親生子女，現入境在台停留或依親居留或長期居留之大陸地區配偶。

項目／條件	說明
要帶什麼	1. 申請書，並貼 2 年內正面彩色脫帽相片 1 張（同身分證規格）。 2. 出生公證書（經海基會驗證）。 3. 喪失大陸戶籍證明（經海基會驗證；得具結於定居後 3 個月內補繳）。 4. 大陸地區證照影本、居民身分證影本或其他足資證明居民身分之文件影本（驗正本，收影本）。 5. 入出境許可證。 6. 保證書：應檢附台灣人民符合下列條件者出具之保證書。 （1）年滿 20 歲。 （2）有正當職業或相當財力。 （3）無違反《進入許可辦法》第 6 條第 1 項規定之紀錄。 （4）保證人應出具親自簽名或蓋章之保證書，並由移民署查核。 7. 刑事紀錄證明（須經海基會驗證，3 個月內有效）（依親居留或長期居留期間出境未逾 3 個月者，免附）。 8. 中央衛生主管機關指定醫院所出具之健康檢查合格證明（最近 3 個月內健康檢查合格證明，且符合其訂定之健康證明應檢查項目表「乙表」；妊娠孕婦可免接受「胸部 X 光檢查」）。（依親居留或長期居留期間出境未逾 3 個月者，免附）。 9. 符合定居條件證明。 10. 台灣配偶死亡證明文件或辦妥死亡登記之戶口名簿正、影本。 11. 未成年子女戶口名簿正、影本（子女須在台）。 12. 委託書（旅行社代申請時得免附，但須於申請書上加蓋旅行社及負責人章戳）。

項目／條件	說明
申請方式	臨櫃申請。須按捺指紋後才能親自或委託親友、移民業務機構、甲種以上旅行社提出申請。
申請費用	新台幣 600 元。
補充說明	非婚生子女須先完成認領手續，如果是婚前受孕者，須檢附血緣鑑定書及經海基會驗證之受胎期間無婚姻關係之證明文件。

資料來源：作者整理製表

（三）台灣人民 12 歲以下親生子女

　　根據估算，目前約有 150 萬的台灣人民長期居住在大陸地區工作，因此台灣人民在大陸地區產子的情況也屬頻繁，礙於兩岸法令的因素及生活上的需要，台灣人民在大陸出生的小孩，往往沒辦法馬上回台設籍，大部分會在大陸地區先設籍，成為大陸地區人民後，再申請回台灣定居設籍。另外，大陸地區人民如果來台灣定居設籍成為台灣人民，而原本在大陸地區有未滿 12 歲的親生子女，也可以申請來台定居，只是每年會有 60 人數額限制。本書對於此類對象的申請資格及應備文件整理成表 75，提供讀者參考。

表 75　台灣人民之大陸子女申請定居資格及應備文件一覽表

項目／條件	說明
誰可以辦	大陸地區人民為台灣人民之親生子女，年齡在 12 歲以下者。

項目／條件	說明
要帶什麼	1. 申請書，並貼 2 年內正面彩色脫帽相片 1 張（同身分證規格）。 2. 入出境許可證（人在境外者，免附）。 3. 大陸地區證照影本、大陸常住人口登記表影本或其他足資證明居民身分之文件影本（未於大陸設籍者，免附）。 4. 出生公證書正、影本（正本驗畢退還）（經海基會或駐外館處驗證；經認領或婚前受孕者，檢附受孕期間無婚姻關係證明）。 5. 台灣醫院出具之健康檢查合格證明。 　（1）【未滿 6 歲者檢附完整預防接種證明影本替代】（最近 3 個月內有效；須由行政院衛生署評鑑合格之公私立醫院檢查，且符合其訂定之健康證明應檢查項目表【乙表】。 　（2）人在大陸或海外地區者，得以具結書替代，俟入境後換發正本時補正。 6. 於大陸設籍者，檢附喪失大陸戶籍證明（經海基會或駐外館處驗證；得具結於定居後 3 個月內補繳）。 7. 未於大陸設籍者： 　（1）於大陸出生：由申請人之法定代理人於大陸公證處聲明申請人未於大陸設籍，並經海基會驗證。如有外國護照，須一併攜至移民署服務站註記。 　（2）於國外出生：持大陸護照，無法取得喪失國籍證明時，得具結不再使用大陸護照，於台灣完成公證代替，另大陸證照由移民署截角。 8. 父母結婚登記證明（如身分證、戶口名簿）（驗正本，收影本），未婚而生育之子女，須先完成認領手續。 9. 保證書：應檢附台灣人民符合下列條件者出具之保證書。 　（1）年滿 20 歲。

項目／條件	說明
	（2）有正當職業或相當財力。 （3）無違反《進入許可辦法》第 6 條第 1 項規定之紀錄。 （4）保證人應出具親自簽名或蓋章之保證書，並由移民署查核。 10. 委託書（旅行社代申請時得免附，但須於申請書上加蓋旅行社及負責人章戳）。 11. 其他相關證明文件： （1）婚前受孕者，須加附 DNA 血緣鑑定書（應由經在台認證合格之公私立醫院或機關〈構〉出具）及經海基會驗證之受胎期間無婚姻關係之公證書（子女出生日回溯第 181 日至 302 日止為受胎期間）或查詢婚姻登記紀錄證明之公證書。 （2）移民署認為有查證之必要，得要求當事人檢附其他證明文件，如結婚公證書、出生醫學證明書等。
申請方式	臨櫃申請。須按捺指紋後才能親自或委託親友、移民業務機構、甲種以上旅行社提出申請。
申請費用	申請人在台灣地區者，證件費為新台幣 600 元；申請人未在台灣地區者，證件費為新台幣 900 元。
補充說明	1.12 歲以下之計算標準：年齡之認定，以申請時為準。 2. 大陸地區子女非為台灣地區人民親生子女者，非本類適用對象。 3. 要特別注意的是，大陸親生子女在台設籍後，如又再回大陸地區設有戶籍或領用大陸地區護照者，將喪失台灣地區人民身分。日後如欲來台定居，須重新申請，並審查是否符合定居規定，須符合相關規定，始得再取得台灣地區人民身分。

資料來源：作者整理製表

（四）台灣人民 70 歲以上之大陸配偶或直系血親

台灣人民的大陸配偶或直系血親，如果年齡在 70 歲以上，想選擇來台灣安養晚年者，也可以直接申請來台定居，相關的資格及應備文件整理為表 76。

表 76　台灣人民 70 歲以上大陸配偶或直系血親申請定居資格及應備文件一覽表

項目／條件	說明
誰可以辦	大陸地區人民為台灣地區人民之直系血親或配偶，年齡在 70 歲以上者。
要帶什麼	1. 申請書，並貼 2 年內正面彩色脫帽相片 1 張（同身分證規格）。 2. 有效之大陸地區居民身分證或大陸居民往來台灣地區通行證或護照之影本。 3. 依親對象之戶口名簿或國民身分證正、影本。 4. 親屬關係公證書正、影本（正本驗畢退還），戶籍資料已登載大陸直系血親或配偶姓名者免附。 5. 保證書：應檢附台灣人民符合下列條件者出具之保證書。 （1）年滿 20 歲。 （2）有正當職業或相當財力。 （3）無違反《進入許可辦法》第 6 條第 1 項規定之紀錄。 （4）保證人應出具親自簽名或蓋章之保證書，並由移民署查核。 6. 出生公證書（由大陸或海外地區開具之證明文件，須經海基會或我駐外單位完成驗證手續）。 7. 5 年內刑事「警察」紀錄證明書（於核配數額時繳附）（最近 3 個月內由大陸或海外地區開具之證明文件，須經海基會或我駐外單位完成驗證手續）。

項目／條件	說明
	8. 台灣醫院出具之健康檢查合格證明書（於核配數額時繳附）（最近 3 個月有效；人在大陸或海外地區者，得以具結書替代，俟入境後換發正本時補正）。 9. 喪失大陸原籍證明。（於核配數額時繳附）（人在大陸或海外地區者，得以具結書替代，俟入境後換發正本時補正；由大陸或海外地區開具之證明文件，須經海基會或我駐外單位完成驗證手續）。 10. 其他相關證明文件：主管機關認為有必要，得要求檢附其他相關證明文件。
申請方式	臨櫃申請。須按捺指紋後才能親自或委託親友、移民業務機構、甲種以上旅行社提出申請。
申請費用	新台幣 900 元。
補充說明	1. 應備文件 2 規定之大陸居民往來台灣地區通行證或護照之影本，僅限於再次申請來台者始得適用。 2. 每年申請數額為 60 人。

資料來源：作者整理製表

（五）台灣人民之大陸地區 12 歲以下養子女、孫子女

　　除了親生子女以外，台灣人民在大陸地區收養的子女，年齡在 12 歲以下者，也可以申請來台定居；另外，台灣的爺爺、奶奶也可以當成大陸地區孫子女的依親對象，讓他們申請來台定居，以下整理相關申請的資格及應備文件如表 77。

表 77　台灣人民之大陸地區養子女或孫子女申請定居資格及應備文件一覽表

項目／條件	說明
誰可以辦	大陸地區人民為台灣人民之養子女、孫子女，年齡在 12 歲以下。
要帶什麼	1. 申請書，並貼 2 年內正面彩色脫帽相片 1 張（同身分證規格）。 2. 大陸全戶戶口簿影本、出生公證書或載有完整個人姓名、父母姓名、出生地等之出生醫學證明（由大陸或海外地區開具之證明文件，須經海基會或我駐外單位完成驗證手續）。 3. 申請人與依親對象之親屬關係公證書： 　（1）養子女：大陸地區收養公證書及經台灣地方法院裁定認可文件影本及依親對象之戶口名簿正、影本（須已登載養子女姓名）。 　（2）孫子女：申請人與依親對象之三代親屬關係公證書（由大陸或海外地區開具之證明文件，須經海基會或我駐外單位完成驗證手續）。 4. 依親對象之戶口名簿或國民身分證正、影本（驗正本、收影本）（申請人為養子女且已檢附前項依親對象之戶口名簿者，免附） 5. 保證書：應檢附台灣人民符合下列條件者出具之保證書。 　（1）年滿 20 歲。 　（2）有正當職業或相當財力。 　（3）無違反《進入許可辦法》第 6 條第 1 項規定之紀錄。

項目／條件	說明
	（4）保證人應出具親自簽名或蓋章之保證書，並由移民署查核。 6. 台灣醫院出具之健康檢查合格證明（於核配數額時繳附）【未滿 6 歲者檢附完整預防接種證明影本替代】（最近 3 個月內有效；須由行政院衛生署指定之外勞健檢醫院檢查，且符合其訂定之健康證明應檢查項目表【乙表】；人在大陸或海外地區者，得以具結書替代，俟入境後換發正本時補正）。 7. 喪失大陸原籍公證書（於核配數額時繳附）【人在大陸或海外地區者，得以具結書替代，俟入境後換發正本時補正；由大陸或海外地區開具之證明文件，須經海基會或我駐外單位完成驗證手續】。 8. 申請孫子女來台定居案，請附父母雙方同意在台定居公證書。〈須經海基會或我駐外單位完成驗證手續〉。 9. 其他相關證明文件：主管機關認為有必要，得要求檢附其他相關證明文件，如：經認證合格之公私立醫院或機關（構）所出具之親子血緣關係鑑定證明文件；出生醫學證明。 10. 委託書（旅行社代申請時得免附，但須於申請書上加蓋旅行社及負責人章戳）。
申請方式	至移民署各服務站臨櫃申請。
申請費用	新台幣 900 元。

項目／條件	說明
補充說明	1. 台灣人民不得同時為養子女、孫子女之依親對象，且同一家族（包含祖父【母】、外祖【母】）僅得申請一人。 2. 台灣人民及其配偶之孫子女、曾孫子女及其直系血親，年齡在 12 歲以下者，其人數以 1 人為限；且以該台灣地區人民及其配偶為依親對象者，其次數以 1 次為限；每年申請數額為 24 人。 3. 台灣人民之養子女，年齡在 12 歲以下者，其人數以 1 人為限；其申請項目並以一種為限；每年申請數額為 36 人。 4. 大陸養子女、孫子女在台設籍後須出入境者，請先辦妥中華民國護照及前往國家或地區之簽證。

資料來源：作者整理製表

第四篇

香港澳門居民如何申請來台

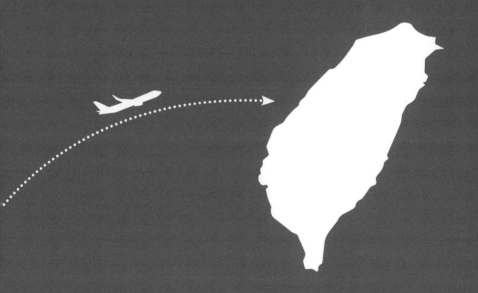

第 10 章　如何判別港澳居民的身分

一、香港居民、澳門居民之身分說明

　　香港居民、港澳居民（以下簡稱港澳居民）的身分認定問題，相較於外國人或是大陸地區人民而言，會比較複雜；從過去的歷史來看，香港曾是英國屬地，澳門曾是葡萄牙屬地，港澳分別在 1997 年及 1999 年回歸大陸，部分港澳居民持有英國或葡萄牙的護照，部分港澳居民則持有大陸居民身分證，反之，部分大陸地區人民選擇到港澳居住，也持有港澳居民身分證。

　　正因如此，造成港澳居民的身分別的多重性，港澳居民要申請來台時，較難分辨自己目前適用的身分及申請的規定，所以本篇在介紹港澳居民申請來台相關須知前，先帶讀者來了解一下港澳居民的身分，以及港澳居民與外國人、大陸地區人民的分別。

　　依據《港澳關係條例》（以下簡稱《港澳條例》）規定，「香港居民」是指具有香港永久居留資格，且未持有英國國民（海外）護照或香港護照以外之旅行證件者；「澳門居民」

則是指具有澳門永久居留資格，且未持有澳門護照以外之旅行證照，或是雖然持有葡萄牙護照，但是在葡萄牙結束治理前於澳門取得，就仍然屬於澳門居民的身分。

如果港澳居民持有英國或葡萄牙以外的其他國家護照，那麼就會被台灣政府認定為外國人，想要來台灣時，就要以外國人的身分向外交部申請簽證，而不是向移民署申辦入出境許可證，而且為了準確判斷港澳居民的身分，台灣的政府機關可以在港澳居民申請進入台灣或在台主張自己是港澳居民時，請當事人證明自己沒有持有英國國民（海外）護照或香港護照以外旅行證照、或沒有持有葡萄牙護照或澳門護照以外旅行證照，這點也必須多加留意。另外，如是大陸地區人民轉換身分成為港澳居民，雖然可用港澳居民的身分申請來台，但是台灣政府在審核的機制上，仍會較一般港澳當地出生的居民還要嚴格。

> ☞ **小常識**：大陸地區人民轉換為港澳居民身分注意事項
>
> 　　2010 年 8 月 17 日以後，申請人如果原為大陸地區人民身分，之後才取得香港或澳門居民身分者，要經過移民署審查會才能認定是否得以申請居留哦！

有關港澳居民的身分認定部分，本書概略整理成表 78，
提供讀者參考。

表 78 港澳居民身分認定要件一覽表

人別	要件	備註
香港居民	1. 具有香港永久居留資格。 2. 未持有英國國民（海外）護照（BNO）或香港護照以外之旅行證照。	2010 年 8 月 17 日以後，原為大陸地區人民身分，之後取得香港或澳門居民身分者，要經過移民署審查會才能認定是否得以申請居留。
澳門居民	1. 具有澳門永久居留資格， 2. 未持有澳門護照以外之旅行證照，或雖持有葡萄牙護照，但係於葡萄牙結束統治前於澳門取得者。	

資料來源：作者整理製表

☞ **小常識**：什麼是英國國民（海外）護照（BNO）？

英國國民（海外）護照（British National
Overseas passport，簡稱 BNO）是一種英國核發的旅
行證件，但持有人並不具有英國公民身分。BNO 護照
持有人可以同時持有香港特區護照，且不會影響持有
者作為香港永久性居民擁有的權利。

在英國，BNO 護照持有人有別於英國護照持有

人，需要受入境管制，亦不能自動獲得在英國居留或工作的權利

因為香港的國際局勢發展，英國政府在 2020 年 7 月 22 日宣布英國國民（海外）（BNO）簽證措施，持有 BNO 身分的香港居民 2021 年 1 月起可以申請新的 BNO 簽證，在英國逗留 5 年、再定居 1 年後便可申請公民身分。於停留期間，申請人可以在當地工作及求學，但不能享受社會福利，針對擁有 BNO 身分者的直系親屬，包括配偶、民事伴侶及未滿 18 歲的子女，即使本身沒有 BNO 身分亦有資格向英國政府申請簽證。

二、香港居民、澳門居民之身分認定

在簡單說明了港澳居民的身分以後，相信還是有人不明白究竟如何判斷港澳居民的身分，為了讓讀者更容易判別，本書自製了簡單 3 個圖（圖 9 至圖 11），解說香港居民、澳門居民的身分認定，以及港澳居民與大陸地區人民身分的差別，希望可以幫助大家對於港澳居民的身分作更準確地判斷！

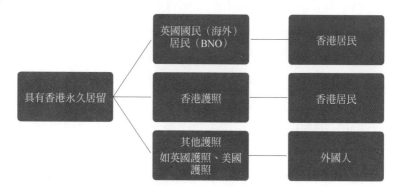

圖 9 香港居民身分認定說明圖

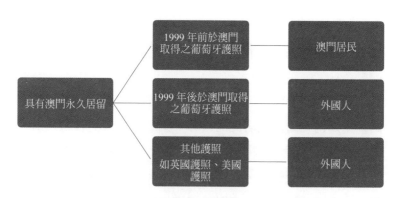

圖 10 澳門居民身分認定說明圖

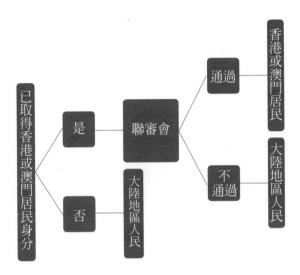

圖 11　香港、澳門、大陸地區人民身分差別說明圖

第 11 章　港澳居民申請來台停留

　　在了解港澳居民的身分之後，接下來就要介紹港澳居民要如何申請進入台灣地區。港澳居民想來台灣，必須向移民署提出申請，由移民署審查許可後，發給入出境許可證，程序上和大陸地區人民申請來台相同，但是和大陸地區人民不同的是港澳居民申請來台停留，並不需要具備特定的事由，也沒有保證人的規定，一般港澳居民只要持有有效期間 3 個月以上之香港或澳門護照或永久居留資格證件，都可以申請入出境台灣。

　　港澳居民申請來台停留可分為「短期停留」及「臨時停留許可」，申請短期停留來台的港澳居民可以在台停留 3 個月，而且有必要時，也可以再申請延長 1 次 3 個月，1 年內在台總停留的期間是 6 個月。如果港澳居民來台並沒有打算停留太久，也可以申請臨時停留許可，每次入境台灣都可以停留 30 天，不過臨時停留許可不可以延期，一般而言，30天的停留期間也足夠讓港澳居民來台訪友、探親或深度旅遊了。

一、短期停留及延期

（一）申請入出境許可（短期停留）

　　港澳居民申請來台短期停留，可分為以紙本方式臨櫃申請，以及用網路方式線上申請，不論透過哪種方式申請，都必須經過移民署許可後，核發入出境許可證，且依申請時的個人需求的不同，所核發的入出境許可證也有不同類別，分別有單次入出境許可、逐次加簽許可及多次入出境許可3類，每種證件使用的有效期間、入出境台灣的次數、來台後的停留期間、以及延期的規定都不一樣。

　　本書將港澳居民來台停留的各類別入出境許可規定整理如表79，讀者可藉此了解各式證件的內涵及使用方式，增加對於入出境許可證的認識。

表 79　港澳居民入出境許可證類別及相關規定一覽表

證件類別		有效期間	停留期限	出入境次數	停留延期
單次入出境許可	一般單次證	6 個月，未入境可申請延期一次 6 個月	3 個月	1 次	可以，延長 3 個月（最多 6 個月）
逐次加簽許可		1 年 或 3 年，每次加簽後，使用效期為 6 個月，但不得逾原許可證期間	3 個月	辦理加簽後即可入出境	
多次入出境許可	樣態 1：一般	有效期間內	3 個月	可多次入出境（無須每次加簽）	
	樣態 2：覓職多次入出境許可證下次申請間隔時間：3 年	3 個月	6 個月	可多次入出境（無須每次加簽）	無法
	樣態 3：探親多次入出境許可證（供特定專業人才之直系尊親屬使用）	1 年	6 個月	可多次入出境（無須每次加簽）	可以，延長 6 個月（最多 1 年）

資料來源：作者整理製表

在認識各種入出境許可證之後，就能更進一步了解怎麼申請入出境許可證；港澳民居在港澳地區第一次申請入出境許可時，需要向台灣駐港澳辦事處臨櫃提出申請，先作人別確認及資料建檔，如此港澳居民在第二次之後再想來台灣時，就可以直接利用網際網路向移民署提出線上申請。

本書整理各式入出境許可證的申請方式、應備文件等注意事項，並依申請方式的不同（臨櫃、網路）介紹如表 80，希望有助於大家更加了解及方便申請自己所需要的證件。

表 80　港澳居民申請入出境許可證資格及應備文件一覽表

項目／條件	說明	
誰來送件	本人或委託人	
誰可以辦	港澳居民，詳細申請身分別判斷，請參考上述港澳居民定義說明喔。	
到哪裡辦	在香港或澳門者	駐港澳辦事處申請，後核轉台灣移民署辦理。
	在海外地區者	應向我駐外使領館、代表處、辦事處或其他外交部授權機構申請，並由移民署派駐人員審查後核轉。
	網路申請	第二次以上申請才適用本申請方式喔。港澳居民第一次需要向駐港澳辦事處申請，第二次就可以選擇經由網路直接向移民署申請。申請請搜尋內政部移民署境外人士線上申請系統辦理。網址：https：//coa.immigration.gov.tw/coa-frontend/overs eas-honk-macao。

項目／條件		說明
要帶什麼	共同應備文件	(一)臨櫃辦理 1. 入出境申請書一份，並附最近2年內2吋半身彩色照片1張。（同身分證相片規格）。 2. 港澳永久性居民身分證正本、影本各1份（正本驗畢退還）。 3. 掛號回郵信封並填妥收件人姓名及住址。 4. 委託書（本人親自申請者免附）。 5. 其他相關證明文件（僅覓職及探親者需要）。 (二)線上辦理 1. 申請書：於線上系統登錄申請人資料，中文部分應為正體字，其餘資料須與護照相同。 2. 備妥以下資料並掃瞄上傳至線上系統： （1）最近2年內2吋半身彩色白底照片。 （2）港澳永久性居民身分證正本。 （3）有效期間3個月以上之港澳護照正本。 （4）其他相關證明文件（僅覓職及探親者需要）。
	其他相關證明文件	(一)來台長期尋職者： 1. 申請長期尋職入出境許可證檢核表。 2. 尋職計畫書。 3. 近6個月內之月平均薪資證明。 4. 學經歷證明。 5. 新台幣10萬元以上或等值之財力證明。

項目／條件	說明
	6. 在我國停留期間之醫療及全額住院保險證明。 7. 無犯罪紀錄證明。 8. 其他經中央目的事業主管機關規定之文件。 (二)在台居留特定專業人才之直系尊親屬 1. 親屬關係證明 2. 其特定專業人才有效之居留證影本。
申辦時間	5 個工作天（不含郵寄時間）
申辦費用	(一)單次入出境許可、逐次加簽許可新台幣 600 元。 (二) 1 年多次入出境許可新台幣 1,000 元。 (三) 3 年多次入出境許可新台幣 2,000 元。
貼心 小叮嚀	線上申請注意事項 (一)發證方式：由申請人至線上系統繳費後，自行下載並彩色列印入出境許可證，持憑該證入出境。 (二)證件遺失或污損補發： 1. 未入境前：自行於線上系統重新列印證件後持憑入境。 2. 入境後： （1）請申請人至移民署服務站申請補發。 （2）若於機場、港口出境前始發現證件遺失或污損，可至移民署各機場、港口之國境隊申請補發單次出境許可證。 （3）申請補發須繳交規費新台幣 300 元，取得證件後再持憑該證出境。

資料來源：作者整理製表

（二）申請延期停留

本書在前面已經介紹各類入出境許可證的類別，同時也說明了哪幾類的證件可以辦理延期停留，如果港澳居民所申請來台的入出境許可證符合延期的條件，且當事人也有延期的需求，必須要在停留效期屆滿前，向移民署提出延期申請。要申請之前，一定要先參考表81，了解申請的資格並準備好相關的申請應備文件。

表 81　港澳居民申請延期停留資格及應備文件一覽表

項目／條件	說明	
誰來送件	本人或委託人	
誰可以辦	1. 持有前述的入出境證件，在停留期間屆滿前申請延期停留。 2. 延長停留期間屆滿，有特殊事故，申請再延長停留期間者。	
在哪裡辦	移民署各縣市服務站	
要帶什麼	共同應備文件	(一)入出境申請書1份。 (二)入出境證件 　　1. 單次入出境許可。 　　2. 逐次加簽入出境許可。 　　3. 多次入出境許可。 (三)相關證明文件：有特殊事故，申請再延長停留期間之證明文件。 (四)特定專業人才之直系尊親屬申請延期者，應另檢附親屬關係證明及特定專業人才之居留證影本。 (五)委託書（本人親自申請者免附）。

項目／條件		說明
	再延長停留期間之特殊事故證明文件	㈠懷胎 7 個月以上或生產、流產後 2 個月未滿者：每次延期不得逾 2 個月。 ㈡罹患疾病而強制其出境有生命危險之虞者：每次延期不得逾 2 個月。 ㈢在台灣地區設有戶籍之配偶、直系血親、3 親等內之旁系血親、2 親等內之姻親在台灣地區患重病或受重傷而住院或死亡者：延期期間自事由發生之日起不得逾 2 個月。 ㈣遭遇天災或其他不可避免之事變者：延期期間不得逾 1 個月。 ㈤跨國（境）人口販運之被害人，有繼續停留台灣地區協助偵 查或審理之必要，經檢察官或法官認定其作證有助於案件之偵查或審理者。
申辦時間		半天
申辦費用		新台幣 300 元

資料來源：作者整理製表

二、臨時（入境）停留許可

　　在港澳本地出生的港澳居民，或是具港澳居民身分曾經來台或是已經持有短期停留入出境許可證者，可以不用事先申請直接搭機來台，本人在入境台灣的時候，向移民署派駐在機場、港口的國境事務大隊申請臨時入境許可，也可以透過旅行社或商務航空中心代為申請，相關的申請資訊可參閱

表 82。

表 82　港澳居民申請臨時停留許可申請方式

申請人	申請地	申請時機	准否處理方式
個人	網際網路，（網址：https://nas.immigration.gov.tw/）	訂完機票出發前	核准：自行列印許可同意書 不准：應申請入出境許可證
	機場、港口	抵達時	核准：入境 不准：返回原僑居地
旅行社（代申請）	機場、港口	出發前一日 8-17 時	核准：於申請人抵達時，將正本文件送移民署辦理發證 不准：轉知申請人應申請入出境許可證
商務航空中心（代申請）	機場、港口	啟程前	核准：入境停留通知單轉交申請人持憑入境 不准：轉知申請人應申請入出境許可證

資料來源：作者整理製表

　　港澳居民在入境時申請臨時停留許可時，仍有一些注意事項需要了解，並要備妥一些申請文件，本書也將相關的申請資格和應備文件整理如表 83，提供讀者參考。

表 83　港澳居民申請臨時停留許可資格及應備文件一覽表

項目／條件	說明	
申辦要件	㈠資格	1. 在香港或澳門出生者。 2. 持有有效入出境證件者。 　（1）單次入出境許可 　（2）逐次加簽許可 　（3）多次入出境許可 3. 曾經許可以港澳居民身分，且進入台灣地區者。（證明文件說明如應備文件）
	㈡備有有效期間 3 個月以上之香港或澳門護照。	
	㈢備有 30 日內離境之回程或離境機船票	
要帶什麼	㈠臨時入境停留申請書。以網際網路申請者免備申請書。 ㈡有效入出境證件或曾經許可進入台灣地區之證明文件或有效期間 3 個月以上之香港或澳門護照上出生地欄登載為香港或澳門出生。 ㈢有效期間 3 個月以上之香港或澳門護照（驗畢退還）。 ㈣訂妥機船位，並於 30 日內離境之回程或離境機船票。 ㈤前項第 2 款所稱曾經進入台灣地區之證明文件，依下列方式認定： 　1. 持有曾經以港澳居民身分進入台灣地區之入出境證件。 　2. 1983 年以後，曾經以港澳居民身分進入台灣地區，其入出證件未留存者，以移民署電腦之入出境資料審查之。 　3. 1982 年以前，曾經以港澳居民身分進入台灣地區，1983 年以後未曾再入出境，其入出境證件未留存者，先向移民署申請入出境日期證明書證明。	

項目／條件	說明
申辦費用	㈠於台灣本島機場、港口：證照費新台幣 300 元。 ㈡於網際網路申請：免費（自行列印許可同意書）。
貼心小叮嚀	㈠港澳居民現任職中共於香港、澳門投資之機構或新聞媒體者，得適用申請臨時入境停留許可規定。 ㈡持有效入出境證件申請者，其有效之入出境證件不予註銷。 ㈢港澳居民於臨時入境停留期間屆滿時，有本再延期停留狀況，得依再延長停留規定辦理。 ㈣運輸業者於旅客以港澳居民身分申請臨時入境停留許可方式來台時，應於登機（船）前，檢查其下列證件： 1. 有效期間 3 個月以上之香港或澳門護照。 2. 已訂妥 30 日內離境之回程機船票。 3. 護照上出生地是否為香港或澳門地區，或前曾以香港或澳門地區居民身分申請許可進入台灣地區之證明文件。

資料來源：作者整理製表

第 12 章　港澳居民申請來台居留和定居

一、居留及居留延期

（一）申請居留許可

　　台灣政府對於港澳居民申請來台停留的規定較為寬鬆，港澳居民不需要特定的事由就能申請入境台灣停留，但是港澳居民如果打算長期在台灣生活，將會涉及到台灣的社會福利和資源問題，基於政府是以保障本國人權益為優先考量，所以想要移民來台灣的港澳居民，仍然需要具備一定的事由，並且在台要有保證人，才能申請來台居留。

　　此外具備特定居留事由的港澳居民，除了自己申請來台居留以外，其在港澳的配偶及未成年子女都可以隨同申請，即使沒有在當下同時申請，也可以在主體入境後，隨行者再提出申請。

☞**小常識：隨同申請及保證人**

　　所謂隨同申請，是指部分港澳居民申請人之配偶及未成年子女得隨同申請，未隨同本人申請者，也可以在本人入境居留後再提出申請，本書以下會在申請人之配偶及未成年子女得隨同申請之對應身分別加註得隨同居留之文字，讓各位讀者比較容易判讀。

　　另外，在保證人的部分，港澳居民要申請在台灣居留，應該找在台灣地區設有戶籍之 2 親等內血親、配偶或有正當職業之公民保證，並由保證人出具保證書。但來台就學不在此限。而非 2 親等內血親、配偶有正當職業之公民，其保證對象每年不得超過 5 人。此外，保證人也要負擔以下的責任：

　　1. 保證被保證人確係本人，無虛偽不實情事。

　　2. 負責被保證人居留期間之生活。

　　由於港澳居民可以申請在台居留的事由相當繁雜，表 84 簡單介紹各項居留的事由及申請代碼，讓讀者先初步了解，究竟具備哪些資格的港澳居民可以申請來台居留。

表 84　港澳居民申請在台居留身分及代碼表

身分	代碼	相關證明文件舉例
有直系血親（如：父母、祖父母）在台灣地區設有戶籍者。	HF151	(一)台灣地區親屬之國民身分證影本、戶口名簿。 (二)足資證明親屬關係文件，如： 　1. 依親父母或祖父母者： 　　（1）若依親對象為養父母者，收養登記要存續2年以上。 　　（2）載有父母姓名之出生證明書、 　　（3）未婚而生育子女者：須先完成認領手續，須加附 DNA 血緣鑑定書及受胎期間無婚姻紀錄証明。 　　（4）婚前受孕者：須加附 DNA 血緣鑑定書及經驗證之受胎期間無婚姻關係之證明文件，受胎期間為子女出生日回溯第 181 日至 302 日止。 　2. 依親配偶者：結婚登記，先至須在香港或澳門申請「無結婚記錄證明書」並經辦事處驗證，之後再到台灣辦理結婚登記相關手續，完成後方可申請。 〔補充說明〕 申請人配偶及未成年子女可隨同申請，另附親屬關係證明文件（隨同申請代碼：HF155）。
有收養關係之直系親屬（如：父母、祖父母）在台灣地區設有戶籍者。	HF189	
有配偶在台灣地區設有戶籍者。	HF152	

身分	代碼	相關證明文件舉例
香港或澳門分別於英國及葡萄牙結束其治理前，參加僑教或僑社工作有特殊貢獻，經教育部或行政院大陸委員會會同有關機關確認出具證明者。	HF156	教育部或行政院大陸委員會審查通過證明文件。 補充說明： 申請人配偶及未成年子女可隨同申請，另附親屬關係證明文件（隨同申請代碼：HF157）。
在特殊領域之應用工程技術上有成就者。	HF158	經濟部、交通部、科技部審查通過證明文件。 補充說明： 申請人配偶及未成年子女可隨同申請，另附親屬關係證明文件（隨同申請代碼：HF159）。
具有專業技術能力，並已取得香港或澳門政府之執業證書或在學術、科學、文化、新聞、金融、保險、證券、期貨、運輸、郵政、電信、氣象或觀光專業領域有特殊成就者。	HF160	法務部、金融監督管理委員會、經濟部、教育部、交通部、科技部、文化部、衛生福利部或內政部營建署審查通過證明文件。 補充說明： 申請人配偶及未成年子女可隨同申請，另附親屬關係證明文件（隨同申請代碼：HF161）。
投資者（新台幣 600 萬元以上之投資）	HF162	經濟部投資審議委員會核准及實行投資並經審定之證明文件。 補充說明： 申請人配偶及未成年子女可隨同申請，另附親屬關係證明文件（隨同申請代碼：HF163）。
在國外執教、研究新興學術或具有特殊技術與經驗，經中央目的事業主管機關核准者。	HF166	中央目的事業主管機關核准證明文件。 補充說明： 申請人配偶及未成年子女可隨同申請，另附親屬關係證明文件（隨同申請代碼：HF167）。
就學者	HF168	入學許可證明、在學證明

身分	代碼	相關證明文件舉例
來台就學後，畢業回香港或澳門服務滿 2 年者。	HF169	㈠中央目的事業主管機關核准證明文件及畢業證書。 ㈡畢業回香港或澳門服務滿 2 年之證明文件。 補充說明： 申請人配偶及未成年子女可隨同申請，另附親屬關係證明文件（隨同申請代碼：HF170）。
應聘者	HF171	勞動部審查通過證明文件。 補充說明： 申請人配偶及未成年子女可隨同申請，另附親屬關係證明文件（隨同申請代碼：HF172）。
其他經政府機關或公私立大專院校任用或聘僱者。	HF173	政府機關或公私立大專院校聘書或證明書。 補充說明： 申請人配偶及未成年子女可隨同申請，另附親屬關係證明文件（隨同申請代碼：HF174）。
對政府推展港澳工作及達成港澳政策目標具有貢獻者。	HF175	經台北經濟文化辦事處（香港）或台北經濟文化辦事處（澳門）出具證明，並核轉行政院大陸委員會會同有關機關審查通過行政院大陸委員會審查通過證明文件。 補充說明： 申請人配偶及未成年子女可隨同申請，另附親屬關係證明文件（隨同申請代碼：HF176）。
因政治因素而致安全及自由受有緊急危害	HF177	經行政院大陸委員會會同有關機關審查通過證明文件。 補充說明： 申請人配偶及未成年子女可隨同申請，另附親屬關係證明文件（隨同申請代碼：HF178）。

身分	代碼	相關證明文件舉例
在台灣地區合法停留 5 年以上，且每年居住超過 270 日，並對國家社會或慈善事業具有特殊貢獻，經主管機關會商有關機關審查通過者。	HF179	主管機關審查通過證明文件。 補充說明： 申請人配偶及未成年子女可隨同申請，另附親屬關係證明文件（隨同申請代碼：HF180）。
藍領工作者	HF181	勞動部許可在台灣地區從事工作證明文件。
來台傳教弘法或研修宗教教義者。	HF187	以下文件皆應準備各 2 份 ㈠活動計畫書（註明宗教活動主題、活動目標、活動項目、活動期間及地點、邀請來台參與之理由、經費來源及概算、活動構想或源起等，並註明邀請單位名稱、負責人（簽章）、地址、電話及日期，如有協辦或其他參與之單位亦請併附）。 ㈡邀請函影本或研修宗教教義課程表及學員名冊。 ㈢邀請單位之立案證明或登記證明影本。但宗教團體應附立案或登記滿 1 年證明影本，並附最近 1 年會務（含預算、決算報告）經主管機關備查文件。 ㈣相關專業造詣或職務證明。 ㈤其他相關主管機關規定之文件。 〔補充說明〕 申請人配偶及未成年子女可隨同申請，另附親屬關係證明文件（隨同申請代碼：HF188）。

身分	代碼	相關證明文件舉例
港澳居民之配偶為經核准居留之台灣地區無戶籍國民、或經核准居留或永久居留之外國人、或經核准長期居留之大陸地區人民。但依親對象為藍領移工者不算在內。	HF190	㈠與配偶親屬關係證明文件。 ㈡其配偶經許可居留證件。 ㈢如係工作居留許可，請附主管機關許可文件。 補充說明： 申請人未成年子女可隨同申請，另附親屬關係證明文件（隨同申請代碼：HF191）。
經行政院許可香港或澳門政府在台灣地區設立機構之派駐人員。	HF192	㈠行政院大陸委員會函及名冊。 ㈡派駐人員眷屬由行政院大陸委員會提供名冊（HF193）。
創新創業居留者。	HF196	經濟部投資審議委員會核准函。有關經濟部投資審議委員會規定之文件，請參考：外國人來台申請創業家簽證資格審查處理要點。 補充說明： 申請人未成年子女可隨同申請，另附親屬關係證明文件（隨同申請代碼：HF197）。
依《外國專業人才延攬及僱用法》第 20 條準用同法第 8 條規定申請就業金卡者。（網路申請）	HF198	勞動部審查通過證明文件。 補充說明： 配偶、未成年子女及滿 20 歲以上，因身心障礙無法自理生活之子女加附親屬關係證明文件，年滿 20 歲以上因身心障礙無法自理生活之申請人子女應檢附巴氏量表或相關證明（HF199）。

身分	代碼	相關證明文件舉例
依《外國專業人才延攬及雇用法》第 20 條準用同法第 5 條規定來台工作，經中央勞動主管機關或目的事業主管機關審查通過者。	HF143	勞動部審查通過證明文件。 補充說明： 配偶、未成年子女及滿 20 歲以上，因身心障礙無法自理生活之子女加附親屬關係證明文件，年滿 20 歲以上因身心障礙無法自理生活之申請人子女應檢附巴氏量表或相關證明（HF144）。
依《外國專業人才延攬及雇用法》第 20 條準用同法第 6 條第一項規定來台工作，經中央勞動主管機關或目的事業主管機關審查通過者。	HF145	勞動部審查通過證明文件。 補充說明： 配偶、未成年子女及滿 20 歲以上，因身心障礙無法自理生活之子女加附親屬關係證明文件，年滿 20 歲以上因身心障礙無法自理生活之申請人子女應檢附巴氏量表或相關證明（HF146）。
特定專業人才（居留期限最長為 5 年）	HF147	勞動部審查通過證明文件。 補充說明： 配偶、未成年子女及滿 20 歲以上，因身心障礙無法自理生活之子女加附親屬關係證明文件，年滿 20 歲以上因身心障礙無法自理生活之申請人子女應檢附巴氏量表或相關證明（HF148）。
外國專業人才為藝術工作者	HF149	勞動部審查通過證明文件。 補充說明： 配偶、未成年子女及滿 20 歲以上，因身心障礙無法自理生活之子女加附親屬關係證明文件，年滿 20 歲以上因身心障礙無法自理生活之申請人子女應檢附巴氏量表或相關證明（HF150）。

資料來源：作者整理製表

如果港澳居民符合上表所列的資格條件，以及備妥相關證明文件，接下來就可以依照本書以下的介紹來辦理居留手續。另外，也要特別說明一下港澳居民的台灣地區居留證（IC 卡）者與台灣地區居留入出境證是不一樣的，持有台灣地區居留證（IC 卡）者於居留期間入出境者，需另外再移民署各服務站申請入出境許可才能出入境，而且台灣地區居留入出境證須等到申請人入境後，才能另外申請。

而為了招攬香港或澳門申請就業金卡者，針對港澳居民，也能同外國人一般，開放申請就業金卡，金卡也屬於居留證的一種，但是只有開放在線上（外國專業人才申辦窗口平台）辦理，目前只限本人申請，其配偶、未成年子女及滿 20 歲以上因身心障礙無法自理生活之子女，仍然要依照一般港澳居民來台居留的方式辦理。相關的資訊，以下將港澳居民申請在台灣居留的程序整理成表 85，提供大家參考。

表 85　港澳居民申請在台居留資格及應備文件一覽表

項目／條件	說明	
誰來送件	本人或委託人	
誰可以辦	㈠港澳居民人在境外或已持入出境許可證件入境停留。 ㈡港澳居民申請在台灣地區居留經許可，居留期間符合其他居留事由者（變更居留事由）。 ㈢詳細申請居留身分別，請參考上述表格。	
到哪裡辦	在香港或澳門者	台北經濟文化辦事處（香港、澳門）申請（但港澳學生須入境後再申請居留）

項目／條件	說明
	在海外地區者 應向駐外館處申請。
	在台灣地區者，須為已持入出境許可證件入境停留 逕向本署各直轄市、縣（市）服務站申請，變更居留事由僅開放於境內辦理。
	申請就業金卡者 線上「外國專業人才申辦窗口平台」辦理。 〔小提醒〕本項目前僅限申請就業金卡本人，其配偶、未成年子女及滿 20 歲以上因身心障礙無法自理生活之子女仍依般港澳居民來台居留的方式辦理喔！
要帶什麼	一、初次申辦者 ㈠中華民國台灣地區入境居留／定居申請書 1 份 ㈡香港或澳門永久居民身分證明文件（身分證及護照）正本、影本 ㈢保證人親自簽名保證書 1 份。 　1. 保證人國民身分證正本、影本，正本驗畢歸還。 　2. 保證人非 2 等內血親或配偶加附保證人在職證明。 　3. 但 HF168、HF192、HF193、HF198 免附之。 ㈣最近 5 年內香港或澳門警察紀錄證明書 　1. 3 個月內有效。 　2. 但未滿 20 歲或 HF192、HF193、HF198 者免附，20 歲以申請居留日為基準。 ㈤健康檢查合格證明 　1. 依衛生福利部訂定之居留或定居健康檢查項目表辦理，3 個月內有效） 　2. HF198 者免附 　3. 未滿 6 歲者，得免辦理健康檢查，但應檢附完整預防接種證明影本備查（正本驗畢歸還）。

項目／條件	說明
	(六)委託書 　　1. 委託他人代理申請者，應附委託書，並於代申請人簽章處。親筆簽名或蓋章 　　2. 由旅行社代送件，並於申請書上加蓋旅行社及負責人章者。 　　3. 以旅行社為代申請人或 HF192、HF193、HF198，免附委託書。 (七)已入境停留期間申請者，加附入出境許可證。 (八)港澳居民身分確認書。 (九)另申請人出生地為大陸地區者，應檢附下列其中一項證明文件： 　　1. 經海基會驗證之在大陸地區未設籍證明書正本。 　　2. 港澳居民來往內地通行證（回鄉證）正本、影本，正本驗畢歸還。 　　3. 經海基會驗證之註銷大陸戶籍公證書正本。 (十)對應居留身分別之證明文件。 (十一)現（曾）任職於大陸地區行政、軍事、黨務或其他公務機構或其於香港、澳門投資之機構或新聞媒體之港澳居民須檢附書面說明書敘明其任職內容及期間（格式不拘）。 二、變更居留事由者 (一)中華民國台灣地區入境居留／定居申請書 1 份。 (二)台灣地區居留證。 (三)變更後之對應居留身分別之證明文件，如原申請居留事由未檢附之文件，仍得要求申請人依申請居留之應備文件檢附。
申辦時間	5 個工作天（不含收件日、例假日、補件、郵寄時間、警察紀錄核轉及會商相關機關時間）
申辦費用	(一)申請人在國外送件：證照費新台幣 1,300 元。 (二)已入境停留期間申請台灣地區居留證（IC 卡）者，證照費新台幣 1,000 元。

項目／條件	說明
申辦費用	㈢台灣地區居留入出境證，證照費新台幣 2,600 元，申請人須入境後始得另案申請。 ㈣就業金卡之台灣地區居留入出境證，證照費新台幣 3,100 元（含勞動部新台幣 500 元工作許可證照費用）。
貼心小叮嚀	㈠經許可入境，已逾停留、居留期限 30 日以上，未滿 1 年，將於一定期間內不予許可居留申請。 ㈡申請變更居留事由，應於原居留證有效期間內，並於效期屆前，提出申請。 ㈢申請變更居留經許可者，其申請定居時之在台灣地區居留一定期間計算方式，自核准變更之翌日起算。 ㈣入境證及台灣地區居留證副本之有效期間，自核發之翌日起為 6 個月，在有效期間內未入境者，得於有效期間屆滿前，填具延期申請書，檢附入境證及台灣地區居留證副本，向移民署申請延期，自原證有效期間屆滿之翌日起，比照原核准效期，以延期 1 次為限。

資料來源：作者整理製表

（二）申請延期居留

　　台灣地區居留證或台灣地區居留入出境證有效期間屆滿前，原申請居留原因仍繼續存在者，得申請延期，其隨同申請之配偶、未成年子女亦同，每次不得逾 2 年；因工作申請延長居留效期者，除了（特定）專業人才之外，不得逾申請人聘僱效期，亦不得逾 2 年。茲將相關申請條件整理如表 86。

表 86　港澳居民申請在台延期居留資格及應備文件一覽表

項目／條件	說明
誰來送件	本人或委託人
誰可以辦	申請人在台灣地區居留期間，應於居留有效期間屆滿前 30 日內，並符合延期居留規定者。
到哪裡辦	本署各直轄市、縣（市）服務站申請。
要帶什麼	㈠延期留台申請書 1 份。
	㈡台灣地區居留證或台灣地區居留入出境證正本。
	㈢對應居留身分別之證明文件。
	㈣其他居留之相關證明文件。 1. 投資有新台幣 600 萬元以上投資者，檢附資料如下： （1）投資事業最近 1 年之存摺影本。 （2）投資事業之設立（變更）登記表。 （3）最近 1 年之損益及稅額計算表或營業人銷售額與稅額申報書。 （4）經濟部投資審議委員會核定函，如有承諾僱用台籍員工數，須提送台籍員工 2 人之勞工保險投保證明。 2. 創新創業事由之居留延期申請案，檢附營運實績證明文件（所需文件詳「外國人來臺申請創業家簽證資格審查處理要點」）。本項審查須另函經濟部投資審議委員會審查營運實績，依函復結果辦理。 3. 學生申請畢業延期居留 （1）居留方式：應於台灣地區居留證或台灣地區居留入出境證有效期間屆滿前 30 日內，備齊以下文件辦理： 甲、延期申請書 乙、台灣地區居留證或台灣地區居留入出境證 丙、其他相關證明文件 （2）居留期間：自畢業當日（無畢業日期以當月最後 1 日）起算 6 個月；延期屆滿前，得再申請延期 1 次，總延長居留期間最長為 1 年。

項目／條件	說明
	4. 2020 年 8 月 19 日後核准之申請案，申請人出生地為大陸地區者，應檢附下列其中一項證明文件： （1）經海基會驗證之在大陸地區未設籍證明書正本。 （2）港澳居民來往內地通行證（回鄉證）正本、影本，正本驗畢歸還。 （3）經海基會驗證之註銷大陸戶籍公證書正本。
申辦時間	3 個工作天（不含收件日、例假日、補件、郵寄時間、警察紀錄核轉及會商相關機關時間）。
申辦費用	新台幣 300 元整
貼心小提醒	㈠應於台灣地區居留證或台灣地區居留入出境證有效期間屆滿前，原申請居留原因仍繼續存在者，得申請延期，每次不得逾 2 年；因工作申請延長居留效期者，不得逾申請人聘僱效期，亦不得逾 2 年。 ㈡專業人才經許可居留者，原申請居留原因仍繼續存在者，得申請延期： 　1. 特定專業人才申請延期者：每次最長為 5 年，其隨同申請者亦同。 　2. 專業人才、藝術工作者申請延期者：每次最長為 3 年，其隨同申請者亦同。 ㈢港澳居民逾期居留未滿 30 日，原申請居留原因仍繼續存在者，經繳清罰款後，得向本署重新申請居留，而逾期 30 日以上，應於繳納罰款後並申請出境證出境。 ㈣依親直系血親或配偶申請居留者，其直系血親或配偶死亡者，仍得申請延期。 ㈤申請就業金卡者不得延期，申請人於就業金卡效期期限屆滿前，且仍符合外國特定專業人才資格者，得於就業金卡有效期間屆滿前重新申請，無法重新申請就業金卡或取得工作許可證者，須依限離境。

資料來源：作者整理製表

　　港澳居民依申請居留的類型不同，來台相關的權益也不一樣，如部分在台居留的港澳居民，其港澳的配偶和子女也可以一起申請來台居留，另外保證人及證件效期與延期規定不完全相同，本書將相關資訊整理成表 87，供讀者參考。

表 87　港澳居民申請在台各類居留相關權益及注意事項比較表

居留類型	得否隨同	隨同對象	保證人	有效日期	延期規定
藍領	x		v	1.5 年 -3 年	每次 2 年
依親無戶籍外國人來的	v	未成年子女	v	1.5 年 -3 年	每次 2 年
就學	x	x	x	1.5 年 -3 年	每次 2 年
機構之派駐人員及其眷屬	v	眷屬名冊，由行政院大陸委員會提供	x	1.5 年 -3 年	每次 2 年
專業人才（專法）	v	含 20 歲以上因身心障礙無法自理生活之子女	X 保證書、最近五年內警察紀錄證明書、健康檢查合格證明皆免附	特定專業人才：5 年。專業工作、藝術工作者：3 年。金卡：3 年	特定專業人才：5 年。專業工作、藝術工作者：3 年。金卡：不得延期。
其他	v	配偶及未成年子女	v	1.5 年 -3 年	每次 2 年

資料來源：作者整理製表

（三）就業金卡及特定專業人才

1. 就業金卡

為了吸引高階技術的外籍人士來台，國發會在 2018 制定了《外國專業人才延攬及僱用法》（簡稱《攬才專法》），讓香港或澳門特定專業人才想要在我國從事專業工作者，可以向移民署就業金卡。而就業金卡就是個人化就業准證制度，核發給經中央目的事業主管機關審認具備外國特定專業人才資格者，結合勞動部核發之工作許可及內政部移民署核發之台灣地區居留入出境證兩種功能之證件，茲將說明整理如表88所示。

表 88　港澳居民申辦就業金卡包含種類及功能說明表

包含證件種類	功能
工作許可（個人式）	勞動部勞動力發展署業管，為個人是工作許可，持卡者無須受一定雇主聘僱。
居留入出境證	內政部移民署業管，申請的規定還是依據《入出國及移民法》辦理。

資料來源：作者整理製表

2. 特定專業人才

特定專業人才是《攬才專法》所定的法律名詞，是指在台灣從事白領工作的外國人或港澳居民中，具有中央目的事業主管機關公告之我國所需科技、經濟、教育、文化、藝術、體育及其他領域之特殊專長者。但何謂特殊專長？乍聽之下還是很籠統，以下將法令規定的特殊專長一一臚列成表89，讓讀者可以很清楚的知道特殊專業人才的範圍。

表 89　港澳居民符合特定專業人才資格條件表

項目／條件	資格說明
(一)科技	在軟體應用、奈米、光電技術、資通訊技術、生物科人工智慧、物聯網等尖端及前瞻科技上有傑出研發設計或新創實績、國際獎項得主、國家科學院院士、國家院士級學者等。
(二)經濟	在軟體應用、奈米、光電技術、資通訊技術、生物科人工智慧、物聯網等尖端及前瞻科技上有傑出研發設計或新創實績、國際獎項得主、國家科學院院士、國家院士級學者等。
(三)金融	於金融機構擔任專業職務、相關公（協）會所推薦者、金融機構資深主管級以上之管理階層人士、政府推動重點產業（如金融科技、電子商務等）所需之金融專業人才。
(四)教育	博士學位畢業於世界大學排行前 200 名之大學校院 —曾服務於世界大學排行前 500 名之大學校院，並從事教學研究工作 5 年以上、曾獲得我國玉山（青年）學者補助等。
(五)文化藝術	於表演及視覺藝術類、出版事業類、影視及流行音樂類、工藝類及文化行政類，獲國際獎項或有優異事蹟等。
(六)體育	曾獲國際體育（運動）比賽前 3 名或具優異技能有助提升我國運動競技實力、曾任各國家代表隊教練、國際性體育（運動）比賽裁判等。
(七)法律	月薪新台幣 16 萬元 , 取得我（外）國法事務律師執業許可登，現（曾）任國外大學講座教授、教授、副教授等，於律師公司擔任法務相關主管職務以上，且經中華民國律師公會全會推薦者。
(八)建築設計	月薪新台幣 16 萬元且具我（外）國建築師資格；或於外國建築師事務所年資 5 年以上，具設計或監造執行經驗等。
詳細申請資格，請參考《外國專業人才延攬及僱用法》資訊專頁（首頁 >Q&A> 特定專業人才之資格認定）有關特定專業人才之資格認定之介紹，其中有詳述應檢具何種應備文件：（https://foreigntalentact.ndc.gov.tw/cp.aspx?n=1FF37C7A7558600C&s=67AB43615F0F0CB2）。	

資料來源：作者整理製表

3. 如何申辦就業金卡

在了解了就業金卡的功能和以上特定專業人才的資格後，接下來本書就正式來介紹港澳居民應該如何申辦就業金卡（如表90），以及申辦就業金卡後，在台生活上有何優勢（如表91）。同時，本書也鼓勵讀者們，只要符合資格者，請多多申辦就業金卡，享受台灣政府提供給優秀人才的福利。

表 90　港澳居民申辦就業金卡資格式應備文件一覽表

項目／條件	說明
誰來送件	㈠自行申請。 ㈡雇主提出申請。 ㈢委託代辦機構提出申請。
誰可以辦	特定專業人才（指具有經勞動部或中央目的事業主管機關公告之我國所需領域之特殊專長者，詳細申請格請看上一點說明）。
到哪裡辦	採網路線上申請，不接受書面申請，需登入線上「外國專業人才申辦窗口平台」，網址：https：//coa.immigration.gov.tw/coa-frontend/four-in-one/entry/
要帶什麼	㈠香港或澳門永久居留資格證件。 ㈡港澳特定專業人才證明資料（依各中央目的事業主管機關公告所示）。 ㈢工作許可資料（依勞動部公告所示）。 ㈣港澳居民身分確認書。 註：免附保證書、警察紀錄證明書及健康檢查合格證明。

項目／條件	說明
申辦時間	㈠30 個工作天內（自完成線上申請作業之日起算，不含例假日，補正期間及其他不可抗力因素造成遲誤之期間不予計算）。 ㈡另可查詢申請進度，登入申請系統後，於「線上申辦」點選「就業金卡申請」，取得「暫存登錄申請資料」，就可以查詢囉！
申辦費用	㈠一年效期：新台幣 3,100 元整。 ㈡二年效期：新台幣 3,100 元整。 ㈢三年效期：新台幣 3,100 元整。
貼心小叮嚀	㈠申請案件審核核准後，將收到系統自動寄發之審核核准通知之電子郵件，即可操作「下載專區」中「收據下載」、「許可證明下載」功能，以取得由境外來台之電子許可證明及電子收據檔案。 ㈡來台之電子許可證明，僅供境外申請者下載，自行彩色列印後，於首次入境時，持憑入境使用。

資料來源：作者整理製表

4. 擁有就業金卡的優勢

表 91　港澳居民申辦就業金卡優勢說明表

優勢	說明
所得稅優惠（有限定對象，說明如右）	取得就業金卡者，在就業金卡有效期間受聘僱從事專業工作者，於首次符合在我國居留滿 183 日且薪資所得超過新台幣 300 萬元之課稅年度起算 3 年內，其各該在我國居留滿 183 日之課稅年度薪資所得超過新台幣 300 萬元部分之半數免予計入綜合所得總額課稅，詳細適用辦法請參考財政部網站。

優勢	說明
親屬探親期間增加	直系尊親屬探親簽證停留期間放寬為最長 1 年。
依親對象放寬	持有人之配偶及未成年子女得申請依親在台居留。
放寬健保限制	有雇主的持卡者及其依親眷屬，可以不受居留滿 6 個月的限制。 無雇主的持卡者，還是要於居留滿 6 個月後方能辦理加保。

資料來源：作者整理製表

二、申請定居

　　港澳居民要成為「正港的台灣人」，就要先申請定居，再辦理戶籍登記，取得中華民國身分證就具有台灣人民的資格了，與外國人規定必須先申請「歸化」的程序不太一樣，是較為類似大陸地區人民申請定居的程序。而港澳居民申請定居的類型也有分別，接下來將逐一介紹，港澳居民該如何申請在台定居。

（一）港澳居民常見申請在台定居的類別及申請流程

　　本書前面已介紹過港澳居民申請在台居留的事由，但並不是所有在台居留的港澳居民在居留滿一段期間後，都可以申請定居，至於有哪些居留事由可以申請定居，本書在後面會有更詳細的介紹。

　　因爲港澳居民申請定居的事由也屬複雜，因此在開始介紹港澳居民申請定居的詳細規定之前，本書將先介紹港澳居民最常見移民來台的類型，並結合以上所介紹港澳居民居留的法令須知等規定，綜整成依親／結婚移民、投資移民、創新創業移民、專業移民及就學移民等五大定居類別，先簡要的介紹申辦流程，讓讀者能用最快的時間初步理解後（整理如表 92 至表 96），再搭配本書之後詳細說明定居的事由，這樣大家就對港澳居留申請來台定居的整體程序，更有深刻的了解。

1. 依親移民／結婚移民

表 92　港澳居民申請來台依親／結婚移民簡要流程說明表

項目	說明
資格	申請人之直系親屬或配偶有台灣的身分證
流程	(一)申請取得居留權。 (二)居住一段期間後，申請定居： 　　1. 連續居住 1 年：該年每次得出境 30 日，其出境次數不予限制，出境日數自出境之翌日起算，當日出入境者，以 1 日計算。 　　2. 連續居留滿 2 年：每年居住 270 日以上。 (三)取得台灣身分證。
備註	很多港人是先用其他的方式（例如投資移民）取得台灣身分證後，其直系親屬即可以這條規定，住滿 1 年後取得台灣的身分證。

資料來源：作者整理製表

2. 投資移民（所需資金新台幣 600 萬元）

表 93 港澳居民申請來台投資移民簡要流程說明表

項目	說明
資格	投資新台幣 600 萬元資金
流程	(一)先決定到台灣開設公司的業務： 說明： 1. 可選擇創設新公司、購買台灣既有公司與投資現有公司。 2. 注意，部分業務禁止海外人士經營，如化工業、傳播業務等（詳如投資審議委員會網站公告） (二)撰寫經營計劃書，並向台灣經濟部投資審議委員會提出申請。說明：自 2020 年 3 月 5 日起規定，申請人必須承諾投資並營運相關經營項目至少 3 年，而且委託合資格會計師核數；另外，如項目為新開設公司，則每年須維持聘請至少 2 名台灣居民，作為全職員工；如投資項目為台灣現有事業，則每年員工數目，須較投資前增加至少 2 名。 (三)投資項目經核准後，可從香港匯款至台灣。 說明：投資金額最少 600 萬新台幣，並再由經濟部投資審議委員會審議核准。 (四)辦理居留證。 (五)居住一段期間後，申請定居： 1. 連續居住 1 年：該年每次得出境 30 日，其出境次數不予限制，出境日數自出境之翌日起算，當日出入境者，以 1 日計算。 2. 連續居留滿 2 年：每年居住 270 日以上。 (六)取得台灣身分證。
備註	(一) 2020 年 3 月台灣的法令有修正，開業的公司，必須聘請 2 位以上具台灣籍的員工，而且拿到身分證後，還要再持續營業 2 年，2 年內可能被抽查，如果抽查不通過的話，還是會追回身分證的，另若 2020/3/5 前取得投資許可者則不受影響。 (二)投從香港匯入台灣 600 萬元台幣（約 150 萬港元）的資金，開設一間公司，用此條件並不是指在台灣買了一間 600 萬的房子！

資料來源：作者整理製表

3. 創新創業移民

表 94　港澳居民申請來台創新創業移民簡要流程說明表

項目	說明
資格	具備創新創業能力者，說明如下： 1. 獲得國內外創業投資事業投資、獲得行政院國家發展基金創業天使投資方案投資，或於政府認定之國內、國外或國際新創募資平台投（籌）資新台幣 200 萬元以上。 2. 於 1 年內曾經進駐或現已進駐中央或地方政府核定之國際創新創業園區及計畫；中央或地方政府核定、直營、認定或經濟部近 5 年評鑑優良或認可之創育機構。 3. 取得國外發明專利權、國內發明或設計專利權，或事實足認具專業技能。 4. 參加國內外具代表性之創業、設計競賽獲獎，或申請政府鼓勵外國創業家來台專案計畫通過。 5. 申請事業或其負責人曾於國內、外具重要性之影展入圍或獲獎。 6. 獲中央政府核予創新相關補助金額新台幣 200 萬元以上，或地方政府核予創新相關補助金額新台幣 100 萬元以上。 7. 其他經中央目的事業主管機關認定或推薦具創新能力。 8. 已在台設立符合具創新能力之新創事業認定原則之事業，擔任該事業負責人、經理人或主管等職務，並投資新台幣 100 萬元以上。
流程	(一)具備前述條件，向經濟部投審會審查。 (二)申請居留。 　　說明 　　1. 第 1 次申請居留簽證最長期間為 1 年 　　2. 展延條件如下，每一次為 2 年。 　　說明：公司近 1 年或近 3 年平均營業額需達到 300 萬元台幣或近 1 年、近 3 年平均年營業費用達 100 萬元台幣或聘僱全職台籍員工 3 人，就可申請展延。 (四)連續合法居留 5 年，每年居住超過 183 天後，申請定居。 (五)取得台灣身分證。
備註	

資料來源：作者整理製表

4. 專業技術移民

表 95　港澳居民申請來台專業技術移民簡要流程說明表

項目	說明		
資格	項目	審核標準	主管機關
	一、在特殊領域之應用工程技術上有成就者。	(一)對新興工業、關鍵技術、關鍵零組件及產品有專業技能，並具有下列條件之一： 1. 具有 5 年以上廠務或研究發展之實務經驗，且擔任相當於經理以上職務。 2. 曾獲得專利或專門技術，且該項專利或專門技術已有量產實績。 3. 在技術上具特殊成就，經經濟部專案核定。	經濟部
		(二)在新興科技、關鍵技術、政策推動重點項目等著有成績，而所學確為台灣地區所亟需或短期內不易培育，且符合下列條件之一： 1. 在教育部認可之國內外大學得有博士學位後，從事特殊領域之應用工程技術工作 3 年以上。 2. 在教育部認可之國內外大學校院畢業後，從事特殊領域之應用工程技術工作 5 年以上。 3. 其他在特殊領域從事應用工程技術工作 10 年以上。 4. 於上開領域具有特殊成就，經科技部專案核定。	科技部

項目	說明	
	㈢在公路、高速鐵路、捷運系統、電信、飛航、航運、深水建設、氣象或地震等領域有特殊成就，而所學確為台灣地區所亟需或短期內不易培育，且符合下列條件之一： 1. 在教育部認可之國內外大學得有博士或碩士學位後，從事上開領域工作 3 年以上。 2. 在教育部認可之國內外大學得有學士學位後，從事上開領域工作 5 年以上。 3. 從事上開領域工作 10 年以上。 4. 於上開領域具有特殊成就，經交通部專案核定。	交通部（電信部分由國家通訊傳播委員會審核）
二、具有專業技術能力，並已取得港澳政府之執業證書者。	㈠律師：領有港澳律師執業證書並執行律師職務 2 年以上。	法務部
	㈡會計師：領有港澳會計師執業證書並執行會計師職務 2 年以上。	金融監督管理委員會
	㈢技師：領有港澳技師執業證書並執行技師職務 2 年以上。	行政院公共工程委員會
	㈣建築師：領有港澳建築師執業證書並執行建築師職務 2 年以上。	內政部營建署
	㈤醫事人員：領有港澳醫事人員執業證書並執行醫事人員職務 2 年以上。	衛生福利部

項目	說明	
三、在特定專業領域有特殊成就者。	(一)學術：具有學術領域專業研究資格，其著作、論文、發明或研究成果曾在國內外重要學術性期刊、學報公開發表或經世界知名學術、研究機構公認具有特殊貢獻。	教育部
	(二)科學：在數學、物理、化學、地球科學、生物、醫學、農業、工程、人文或社會科學等專門領域有特殊成就，且符合下列條件之一： 1. 曾任教育部認可之國內外大學或研究機構之教授、副教授（研究員、副研究員），在該領域有 3 年以上之教學或研究經驗，最近 5 年內有優良著作發表。 2. 在教育部認可之國內外大學獲博士學位，具深厚研發潛能及創新能力，且在各專業領域從事研究工作 3 年以上。	科技部
	(三)文化： 1. 長期從事重要文化藝術工作，具有卓越技藝，持有作品或證明文件。 2. 對文化之保存維護與發揚有特殊貢獻。 3. 對推展藝術活動或促進文化國際交流，具有特殊貢獻。 4. 辦理文化事業 15 年以上，成績卓著。 5. 曾獲國內外重要文化勳獎章	文化部（僑務委員會協辦）

項目	說明	
	(四)媒體： 1. 對台港澳新聞、出版事業貢獻卓著，或曾獲國內外著名新聞、出版獎項之新聞出版界人士。 2. 對台港澳電影事業貢獻卓著，或曾獲我國金馬獎、著名國際影展獎項之電影界人士。 3. 對台港澳廣播電視事業貢獻卓著，或曾獲我國金鐘獎、著名國際廣播電視獎項之廣播電視界人士。 4. 對台港澳流行音樂事業貢獻卓著，或曾獲我國金曲獎、著名國際流行音樂獎項之流行音樂界人士。 5. 具新聞、出版、電影、廣播電視或流行音樂專業造詣，為台灣地區所亟需或短期內不易培養，具擔任相關職務 3 年以上，成績卓著。	文化部、國家通訊傳播委員會（僑務委員會協辦）
	(五)金融、保險、證券或期貨：在教育部認可之國內外大學獲學士以上學位，並從事金融、保險、證券或期貨專業領域工作 10 年以上有特殊成就，且所從事領域工作為台灣地區金融、保險、證券或期貨發展所亟需或短期內不易培養者。	金融監督管理委員會

項目	說明	
	㈥運輸、郵政、電信、氣象或觀光：在教育部認可之國內外大學獲學士以上學位，並從事運輸、郵政、電信、氣象或觀光專業領域五年以上，具有特殊成就，且所從事專業領域工作為台灣地區交通發展所亟需者。	交通部（電信部分由國家通訊傳播委員會審核）
四、依公司法設立之公司、經認許之外國公司或經備案之外國公司代表人辦事處聘僱之主管或專門性及技術性人員。	專門性及技術性人員係指擔任下列條件工作之一者： ㈠依專門職業及技術人員考試法規定取得證書或執業資格者。 ㈡取得國內外大學相關系所之碩士以上學位者，或取得相關系所學士學位而有 2 年以上相關工作經驗者。 ㈢服務跨國企業滿 1 年以上經指派來我國任職者。 ㈣經專業訓練，或自力學習，有 5 年以上相關經驗，而有創見及特殊表現者。	勞動部
流程	㈠具備前述條件者，向移民署辦理居留證。 ㈡居住一段期間後，申請定居： 　說明： 　1. 連續居住 1 年：該年每次得出境 30 日，其出境次數不予限制，出境日數自出境之翌日起算，當日出入境者，以 1 日計算。 　2. 連續居留滿 2 年：每年居住 270 日以上。 ㈢取得台灣身分證。	

資料來源：作者整理製表

5. 就學移民（多配合後續應聘在台）

表 96　港澳居民申請來台就學移民簡要流程說明表

項目	說明	
類型	類別一	類別二
資格	港澳學生來台讀書畢業後，在合法居留效期內，取得從事白領工作資格（含依「僑外生留臺工作評點新制」評點合格者）。	來台就學後，畢業回香港或澳門服務滿 2 年者。
流程	㈠申請居留。 ㈡居住一段期間且符合特定薪資條件後，申請定居：連續合法居留 5 年，每年居住超過 183 天，且最近 1 年於台灣地區平均每月收入逾基本工資 2 倍者。 ㈢取得台灣身分證。	㈠申請居留。 ㈡居住一段期間後，申請定居： 1. 連續居住 1 年：該年每次得出境 30 日，其出境次數不予限制，出境日數自出境之翌日起算，當日出入境者，以 1 日計算。 2. 連續居留滿 2 年：每年居住 270 日以上。 ㈢取得台灣身分證。
備註	本項類別一之申請人一定要先以曾經「就學」（HF168）的身分在台，配合畢業後申請應聘居留（HF172），才能提出定居申請，僅單以一個居留事由，是無法申請，說明如下： ㈠無法僅以就學（HF168）名義在台，申請定居 ㈡無法僅以應聘居留（HF172），申請定居。若當事人認為本身資格及年藉足夠，可經由專業移民之方式（如上所介紹）申請之。	

資料來源：作者整理製表

（二）港澳居民在台居留滿一定期間就可以申請定居

在初步了解港澳居留可以申辦定居的類型及流程竹後，接下來，本書就要比較細部的說明港澳居留申請定居的資格和條件了。符合指定條件的港澳居民，只要在台灣居留滿一定期間，就可以申請定居。

所謂的居留滿一定期間，是指從港澳居民申請居留當天往前推算連續居留滿 1 年，或連續居留滿 2 年且每年在台灣地區居住 270 日以上。可是，如果是港澳居民是來台就學畢業後留台工作，或是以「創新創業」事由申請來台居留，那麼就要在台居留滿 5 年，每年在台居住 183 天以上，才符合申請定居的居留期間。

另外，台灣駐香港或澳門機構在當地聘僱的人員，如果受聘僱達相當期間，也可直接向台灣駐港澳的機構提出申請，核轉移民署審查同意後，就可以來台定居。至於相當期間的認定，法令上並沒有明確的規定，就要看移民署的審查決定了。

以下，針對港澳居民在台居住滿一定期間，可以申請定居之資格及應備文件整理成表 97，提供讀者參考。

表 97　港澳居民申請在台灣定居資格及應備文件一覽表

項目／條件	說明
誰來送件	本人或委託人

項目／條件	說明
誰可以辦	㈠港澳居民與其隨同申請之配偶及未成年子女，以下列事由申請在台灣居留一定期間，仍具備原申請居留之條件者： 1. 直系血親或配偶在台灣地區設有戶籍。（親屬關係因收養發生者，應存續 2 年以上） 2. 香港或澳門分別於英國及葡萄牙結束其治理前，參加僑教或僑社工作有特殊貢獻，經教育部或行政院大陸委員會會同有關機關審查通過。 3. 在特殊領域之應用工程技術上有成就。 4. 具有專業技術能力，並已取得香港或澳門政府之執業證書或在學術、科學、文化、新聞、金融、保險、證券、期貨、運輸、郵政、電信、氣象或觀光專業領域有特殊成就。 5. 在台灣地區有新台幣 600 萬元以上之投資，經中央目的事業主管機關審查通過。 6. 在國外執教、研究新興學術或具有特殊技術與經驗，經中央目的事業主管機關核准。 7. 經中央目的事業主管機關核准來台就學畢業後，回香港或澳門服務滿 2 年。 8. 經政府機關或公私立大專校院任用或聘僱。 9. 對政府推展港澳工作及達成港澳政策目標具有貢獻，經行政院設立或指定機構或委託之民間團體出具證明，並核轉行政院大陸委員會會同有關機關審查通過。 10. 因政治因素而致安全及自由受有緊急危害之港澳居民，經大陸委員會會同有關機關審查通過。 11. 在台灣地區合法停留 5 年以上，且每年居住超過 270 日，並對國家社會或慈善事業具有特殊貢獻，經主管機關會商有關機關審查通過。

項目／條件	說明	
	㈡在台灣地區以創新創業事由經中央目的事業主管機關審查通過。 ㈢港澳居民經中央目的事業主管機關核准來台就學者畢業後，經許可在台從事白領工作或專業人才工作，居留連續滿 5 年，每年在台灣地區居住 183 日以上，且最近 1 年於台灣地區平均每月收入逾中央勞工主管機關公告基本工資 2 倍者。	
居留一定期間計算	前項㈠	1. 連續居住 1 年：該年每次得出境 30 日，其出境次數不予限制，出境日數自出境之翌日起算，當日出入境者，以 1 日計算。 2. 連續居留滿 2 年：每年居住 270 日以上。
	前項㈡、㈢連續居留滿 5 年：每年居住 183 日以上。	
到哪裡辦	移民署各縣市服務站	
要帶什麼	㈠中華民國台灣地區入境居留 / 定居申請書 1 份，並貼正面彩色脫帽照片 1 張（同國民身分證照片規格）。 ㈡香港或澳門永久居留資格證件正、影本（正本驗畢退還） ㈢台灣地區居留證或台灣地區居留入出境證。 ㈣最近 5 年內警察紀錄證明書。但在台灣地區居留期間，每次出境在 3 個月以內者，免附之。 ㈤3 個月內健康檢查合格證明（正本驗畢歸還）： 　　1. 但在台灣地區居留期間，每次出境在 3 個月內者，免附。 　　2. 未滿 6 歲者，得免辦理健康檢查，但應檢附完整預防接種證明影本備查。	

項目／條件	說明
	㈥委託書：委託他人代理申請者，應附委託書，並於代申請人簽章處，親筆簽名或蓋章；但由旅行社代送件，並於申請書上加蓋旅行社及負責人章者，以旅行社為代申請人，免附委託書。
	㈦掛號回郵信封，並填妥收件人姓名、住址、郵遞區號及電話。
	㈧載有正確設籍地址之證明文件：指設籍該址者之戶口名簿、國民身分證、房屋所有權狀、近期房屋稅單或租賃契約正本、影本（5 者擇 1，正本驗畢退還）。但設籍地址與其父母之戶籍地址相同且已檢附戶口名簿（或國民身分證）影本者，免附。
	㈨在台投資有新台幣 600 萬元以上投資者，申請定居檢附資料如下：
	1. 投資事業最近 1 年之存摺影本。
	2. 投資事業之設立（變更）登記表。
	3. 最近 1 年之損益及稅額計算表或營業人銷售額與稅額申報書。
	4. 經濟部投資審議委員會核定函，如有承諾僱用台籍員工數，須提送台籍員工 2 人之勞工保險投保證明。
	5. 經會計師查核簽證之財務報表。
	6. 檢附持續投資及營運實績證明文件。
	㈩以創新創業事由之定居申請案，檢附營運實績證明文件。
	㈡港澳居民身分確認書。另申請人出生地為大陸地區者，應檢附下列其中一項證明文件：
	1. 經海基會驗證之在大陸地區未設籍證明書正本。
	2. 港澳居民來往內地通行證（回鄉證）正本、影本＜正本驗畢歸還。
	3. 經海基會驗證之註銷大陸戶籍公證書正本。

項目／條件	說明
	㈢各類申請人如符合港澳居民進入台灣地區及居留定居許可辦法第 22 條第 1 項第 10 款規定者，須檢附書面說明書敘明其任職內容及期間（格式不拘）。 ㈣婚姻狀況說明書（HF152 免附）。 ㈤其他相關證明文件。
申辦時間	5 個工作天（不含收件日、例假日、補件、郵寄時間、警察紀錄核轉及會商相關機關時間）
申辦費用	新台幣 600 元整
貼心小叮嚀	㈠以依親事由申請或隨同申請，親屬關係因結婚或收養發生者，應存續 3 年以上。但婚姻關係存續期間已生產子女者，不在此限。 ㈡港澳居民申請在台灣地區定居經許可者，發給台灣地區定居證，申請人應於收到定居證之翌日起，於 30 日內持憑至預定申報戶籍所在地戶政事務所辦理戶籍登記並同時辦理國民身分證。 ㈢設籍後身分已轉換，首次出國，應先向外交部申請載有國民身分證統一編號之我國護照，且應依台灣地區人民身分出入境。

資料來源：作者整理製表

（三）未滿 12 歲的港澳居民申請在台灣地區定居

　　另外基於家庭團聚的因素，針對未滿 12 歲的港澳居民，已經持入出境許可證件（不含臨時入出境證）來台，其父或母原在台灣地區設有戶籍者便可直接提出申請，如表 98 所示。

表 98　未滿 12 歲之港澳居民申請在台定居資格及應備文件一覽表

項目／條件	說明
誰來送件	未滿 12 歲申請人的父親、母親或委託人
誰可以辦	港澳居民未滿 12 歲，已持入出境許可證件入境停留，其父或母原在台灣地區設有戶籍者。
到哪裡辦	移民署各縣市服務站
要帶什麼	㈠中華民國台灣地區入境居留／定居申請書一份，並貼正面彩色脫帽照片 1 張（同國民身分證照片規格）。 ㈡香港或澳門永久居留資格證件正、影本（正本驗畢退還）。 ㈢健康檢查合格證明（依中央衛生主管機關訂定之居留或定居健康檢查項目表辦理，3 個月內有效）。另未滿 6 歲者，得免辦理健康檢查，但應檢附完整預防接種證明影本備查（正本驗畢歸還）。 ㈣其他相關證明文件： 　1. 經我臺北經濟文化辦事處（香港、澳門）或駐外館處驗證之出生證明正本、影本（正本驗畢退還）。 　2. 入出境證件正本。 　3. 父母二人辦妥結婚登記之戶口名簿或國民身分證正本、影本。（正本驗畢退還）。 　4. 父或母單獨為未成年人申請在台灣地區定居，應檢附父母雙方之同意書。（父母離婚則附有對未成年子女行使權利義務或負擔者之同意書）。 　5. 未婚而生育子女須先完成認領手續，須加附 DNA 血緣鑑定書及受胎期間無婚姻紀錄證明；婚前受孕者，須加附 DNA 血緣鑑定書及經臺北經濟文化辦事處（香港、澳門）或駐外館處驗證之受胎期間無婚姻關係之證明文件（子女出生日回溯第 181 日至 302 日止為受胎期間）。

項目／條件	說明
	6. 載有正確設籍地址之證明文件：指設籍該址者之戶口名簿、國民身分證、房屋所有權狀、近期房屋稅單或租賃契約正本、影本（五者擇一，正本驗畢退還）。但設籍地址與其父母之戶籍地址相同且已檢附戶口名簿（或國民身分證）影本者，免附。 (五)委託書：委託他人代理申請者，應附委託書，並於代申請人簽章處，親筆簽名或蓋章；但由旅行社代送件，並於申請書上加蓋旅行社及負責人章者，以旅行社為代申請人，免附委託書。 (六)掛號回郵信封，並填妥收件人姓名、住址、郵遞區號及電話。 (七)港澳居民身分確認書。
申辦時間	5 個工作天（不含收件日、例假日、補件、郵寄時間、警察紀錄核轉及會商相關機關時間）
申辦費用	新台幣 600 元整
貼心小叮嚀	(一)未滿 12 歲之計算標準：以各服務站受理定居申請之日為準。 (二)港澳居民申請在台灣地區定居經許可者，發給台灣地區定居證，申請人應於收到定居證之翌日起，於 30 日內持憑至預定申報戶籍所在地戶政事務所辦理戶籍登記並同時辦理國民身分證。 (三)設籍後身分已轉換，首次出國，應先向外交部申請載有國民身分證統一編號之我國護照，且應依台灣地區人民身分出入境。

資料來源：作者整理製表

附錄

台灣駐外館處聯絡方式
及領務轄區一覽表

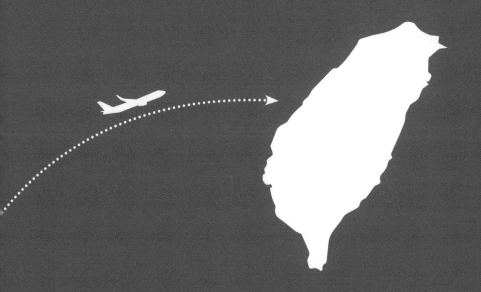

（1）亞太地區

駐外館處	聯絡方式	領務轄區
駐雪梨台北經濟文化辦事處	館址： Suite 1902, Level 19, MLC Centre,King Street, Sydney NSW 2000 電話：+61-2-8650-4200	新南威爾斯州。
駐澳大利亞台北經濟文化辦事處	館址： Ground Floor, 53 Blackall St.,Barton ACT 2600 電話：+61-2-61201030	坎培拉特區、西澳。
駐墨爾本台北經濟文化辦事處	館址： Level 46, 80 Collins St, Melbourne, VIC 3000, Australia 電話：+61-3-9650-8611	維多利亞州、南澳州、塔斯馬尼亞州。
駐布里斯本台北經濟文化辦事處	館址： Level 34, Riparian Plaza, 71 Eagle Street, Brisbane QLD 4000, Australia 電話：+61-7-32295168	昆士蘭州、北領地。
駐汶萊台北經濟文化代表處	館址： No. 3, Lot 57775, Simpang 120, Jalan Sungai Akar, Bandar Seri Begawan, BC3915, Brunei Darussalam. 電話：+673-245-5482	汶萊全境。
駐斐濟臺北商務辦事處	館址： Level 6, Pacific House, Butt Street, Suva, Republic of Fiji 電話：+679-331-5922	斐濟全境，兼理吉里巴斯、薩摩亞、東加、萬那杜、新喀里多尼亞、法屬玻里尼西亞（大溪地）及瓦利斯和富圖那群島（Wallis and Futuna）。
台北經濟文化辦事處／大陸委員會香港辦事處	館址： 香港金鐘道八十九號力寶中心第一座四十樓 電話：+852-28875011	香港全境，兼理巴基斯坦。
駐清奈台北經濟文化辦事處	館址： No. 30, Norton Road, Mandaveli, Chennai 600028, Tamil Nadu, India 電話：（+91-44）-4302-4311	印度南部五州（Andhra Pradesh、Telengana、Karnataka、Kerala 及 Tami Nadu） 及 3 聯邦領地（Andaman and Nicobar Islands、Lakshadweep 及 Puducherry），兼理斯里蘭卡及馬爾地夫。

駐外館處	聯絡方式	領務轄區
駐印度台北經濟文化中心	館址： No. 34, Paschimi Marg, Vasant Vihar, New Delhi-110057, India 電話：（+91-11）46077777	印度（不包括南部之 Andhra Pradesh、Telangana、Karnataka、Kerala 及 Tami Nadu 5 省 及 Andaman and Nicobar Islands、Lakshadweep 及 Puducherry 3 聯邦領地），兼轄不丹、尼泊爾、孟加拉。
駐泗水台北經濟貿易辦事處	館址： Jalan Indragiri No.49, Surabaya 60241, Indonesia 電話：+031-9901-4600	印尼東爪哇省、蘇拉威西、峇里島、龍目島、摩鹿加、巴布亞及東印度尼西亞群島地區。
駐印尼台北經濟貿易代表處	館址： 17th Floor, Gedung Artha Graha, Jl. Jend. Sudirman Kav. 52-53, Jakarta, 12190, Indonesia 電話：+62-21-515-3939	印尼全境（不包含東爪哇省、蘇拉威西、峇里島、龍目島、摩鹿加、巴布亞及東印度尼西亞群島地區），兼理東帝汶。
台北駐大阪經濟文化辦事處福岡分處	館址： 日本福岡縣福岡市中央區櫻坂 3-12-42 電話：+81-92-734-2810	福岡縣、熊本縣、大分縣、宮崎縣、鹿兒島縣、長崎縣、佐賀縣、山口縣。
台北駐日經濟文化代表處那霸分處	館址： 日本沖繩縣那霸市久茂地 3-15-9 アルテビル那霸 6 階 電話：+81-98-862-7008	沖繩縣
台北駐日經濟文化代表處札幌分處	館址： 北海道札幌市中央區北 4 條西 4 丁目 1 番地 伊藤大樓 5 樓 電話：+81-11-222-2930	北海道
台北駐大阪經濟文化辦事處	館址： 大阪市北区中之島二丁目三番一八号 17 樓及 19 樓 電話：+81-6-6227-8623	京都府、大阪府、兵庫縣、滋賀縣、奈良縣、和歌山縣、鳥取縣、島根縣、岡山縣、廣島縣、德島縣、香川縣、愛媛縣、高知縣、富山縣、石川縣、福井縣、岐阜縣、愛知縣、三重縣。

駐外館處	聯絡方式	領務轄區
台北駐日經濟文化代表處	館址： 東京都港區白金台 5-20-2 電話：+81-3-32807811	東京都、青森縣、岩手縣、宮城縣、秋田縣、福島縣、茨城縣、栃木縣、群馬縣、埼玉縣、千葉縣、新潟縣、山形縣、山梨縣及長野縣。
台北駐日經濟文化代表處橫濱分處	館址： 横浜市中区日本大通り 60 番地　朝日生命ビル 2 階 電話：+81-45-641-7736~8	神奈川縣及靜岡縣。
駐韓國台北代表部	館址： 韓國首爾市鍾路區世宗大路 149 號光化門大廈 6 樓 電話：+82-2-6329-6000	首爾特別市、仁川廣域市、大田廣域市、世宗特別自治市、京畿道、江原道、忠清北道、忠清南道、全羅北道。
駐韓國台北代表部釜山辦事處	館址： 韓國釜山廣域市中區中央大路 70 號東遠大樓 9F 電話：+82-51-463-7965	釜山、大邱、光州、蔚山等四個廣域市、慶尚南道、慶尚北道、全羅南道、濟州道。
台北經濟文化辦事處 / 大陸委員會澳門辦事處	館址： 澳門新口岸宋玉生廣場 411- 417 號皇朝廣場 5 樓 J-O 座 電話：+853-28306282	澳門全境。
駐馬來西亞台北經濟文化辦事處	館址： Level 7, Menara Yayasan Tun Razak, 200, Jalan Bukit Bintang 55100 Kuala Lumpur, Malaysia 電話：+60-3-21614439	馬來西亞全境。
駐馬紹爾共和國大使館	館址： P.O. BOX 1229, Majuro, Republic of the Marshall Islands, MH96960 電話：+692-247-4141~2	馬紹爾群島共和國全境，兼理密克羅尼西亞聯邦。
駐緬甸臺北經濟文化辦事處	館址： No. 97/101A Dhammazedi Road, Kamayut Township, Yangon, Myanmar 電話：+95-1-527-249	緬甸全境。

駐外館處	聯絡方式	領務轄區
駐諾魯共和國大使館	館址： 1st Floor, Civic Center, Aiwo District, the Republic of Nauru 電話：+674-5573331	諾魯全境。
駐奧克蘭台北經濟文化辦事處	館址： Level 15, Tower 2, 205 Queen Street, Auckland 電話：+64-9-303-3903	紐西蘭陶波市（Taupo）以北地區，兼理法屬玻里尼西亞（大溪地）。
駐紐西蘭台北經濟文化辦事處	館址： Level 23, 100 Willis Street, Majestic Centre, Wellington, New Zealand 電話：+64-4-4736474	紐西蘭陶波市（Taupo）以南地區，兼理庫克群島、紐埃。
駐帛琉共和國大使館	館址： 3F Ben Franklin Building,（位於WCTC 超市 3 樓）, Koror, Republic of Palau 電話：+680-488-8150	帛琉全境
駐巴布亞紐幾內亞臺北經濟文化辦事處	館址： Level 8, Kina Bank Haus, Douglas Street, Port Moresby, Papua New Guinea 電話：+675-321-2922	巴布亞紐幾內亞全境，兼理索羅門群島。
駐菲律賓台北經濟文化辦事處	館址： 41F, Tower 1, RCBC Plaza, 6819 Ayala Avenue, Makati City 1200, Metro Manila, Philippines 電話：+63-2-8887-6688	菲律賓全境
駐新加坡台北代表處	館址： 460 Alexandra Road #23-00 PSA Building, Singapore 電話：+65-6500-0100	新加坡全境，兼理北韓。
駐泰國台北經濟文化辦事處	館址： 40/64 Vibhavadi-Rangsit 66, Laksi, 10210 Bangkok, Thailand 電話：+66-02-1193555	泰國全境，兼理孟加拉。
駐吐瓦魯國大使館	館址： Palagi Road, Fakaifou, Funafuti, Tuvalu 電話：+688-20278	吐瓦魯全境。

駐外館處	聯絡方式	領務轄區
駐胡志明市台北經濟文化辦事處	館址： 336 Nguyen Tri Phuong Street, Ward 4, District 10, HO CHI MINH City, Vietnam 電話：+84-28-38349160~65	越南南部地區（峴港以南），兼理柬埔寨。
駐越南台北經濟文化辦事處	館址： 20A/21st Floor, PVI Tower, No.1, Pham Van Bach Road, Yen Hoa Ward, Cau Giay District, Hanoi, Vietnam 電話：+84-24-38335501	越南北部地區（順化以北），兼理寮國。

（2）亞西地區

駐外館處	聯絡方式	領務轄區
駐巴林臺北貿易辦事處	館址： 9th FL., Trust Tower, Building 125, Road 1702, Block 317, Diplomatic Area, Manama, Kingdom of Bahrain 電話：+973-17292578	巴林全境
駐臺拉維夫臺北經濟文化辦事處 / 以色列代表處	館址： 21st FL. Round Building Azrieli Center, 132 Menachem Begin Road, Tel Aviv Israel 67021 電話：+972-3-6074788/03-6074788	以色列全境，兼理巴勒斯坦自治區。
駐約旦臺北經濟文化辦事處	館址： No. 18, Iritiria Street,Um Uthaina, Amman, Jordan 電話：+962-6-554-4426	約旦全境，兼理埃及、利比亞、黎巴嫩、伊拉克、敘利亞。
駐科威特王國台北商務代表處	館址： No. 21-A, Street No. 103, Block 8, Al-Jabriya, State of Kuwait 電話：+965-25339988	科威特全境，兼理卡達。
駐烏蘭巴托台北貿易經濟代表處 / 駐蒙古代表處	館址： 3F, Taiwan Center, Tourist Street No.38, Chingeltei District, P.O.Box-1269, Ulaanbaatar-13, Mongolia. 電話：+976-11-328705	蒙古全境 Монгол орон даяар

駐外館處	聯絡方式	領務轄區
駐阿曼王國台北經濟文化辦事處	館址： Way no.1528,Villa no. 2058 Madina Al Alam, Oman 電話：+968- 24605695	阿曼全境。
臺北莫斯科經濟文化協調委員會駐莫斯科代表處	館址： 24/2 Tverskaya St., Korpus 1, Gate 4, 4th FL., Moscow 125009, Russian Federation 電話：+7（495）9563786～90	俄羅斯全境，兼理喬治亞、亞塞拜然、亞美尼亞、哈薩克、烏茲別克、土庫曼、吉爾吉斯、塔吉克、白俄羅斯、烏克蘭、摩爾多瓦。
駐沙烏地阿拉伯王國臺北經濟文化代表處	館址： Circle 10 Diplomatic Quarter, Riyadh, Kingdom of Saudi Arabia P.O. Box 94393, Riyadh 11693, Kingdom of Saudi Arabia（通信用） 電話：+966-11-4881900	沙國全境，兼理阿富汗、卡達、巴基斯坦、葉門、衣索比亞、吉布地、蘇丹、南蘇丹共和國。
駐安卡拉台北經濟文化代表團/駐土耳其代表處	館址： Resit Galip Cad. Rabat Sok. No. 16 G.O.P. 06700 Ankara Turkey 電話：（+90-312）4367255	土耳其全境，兼理北賽普勒斯、哈薩克、烏茲別克、土庫曼、吉爾吉斯、塔吉克、喬治亞。
駐杜拜臺北商務辦事處	館址： Mezzanine Floor, Sharaf Travel Building 153 Khalid Bin Al Waleed Road Bur Dubai, Dubai, U.A.E. 電話：+971-4-3977888	阿拉伯聯合大公國全境，兼理伊朗、厄利垂亞、索馬利亞。

（3）非洲地區

駐外館處	聯絡方式	領務轄區
駐史瓦帝尼王國大使館	館址： Makhosikhosi Street, Mbabane, Kingdom of Eswatini 電話：+268-24044740	史瓦帝尼王國全境，兼理莫三比克。
駐奈及利亞聯邦共和國臺北貿易辦事處	館址： No 23A,Thompson Avenue, Ikoyi, Lagos, Nigeria 電話：+234-703-514-9615	奈及利亞全境，兼理喀麥隆、貝南、迦納、甘比亞、賴比瑞亞、獅子山。

駐外館處	聯絡方式	領務轄區
駐索馬利蘭代表處	館址： Sha'ab Area, Rd. No. 1, near Ministry of Endowment and Religious Affairs, Hargeisa, Somaliland 電話：+252-2-520-807	索馬利蘭全境
駐開普敦台北聯絡辦事處	館址： 10th Floor, Main Tower, Standard Bank Centre, Hertzog Blvd, Foreshore, Cape Town, South Africa 電話：+27-21-4181188	南非西開普省（Western Cape）、東開普省（Eastern Cape）、北開普省（Northern Cape），兼理納米比亞（原西南非）。
駐南非共和國臺北聯絡代表處	館址： 1147 Francis Baard Street, Hatfield, Pretoria, Republic of South Africa 電話：+27-12-4306071-3	南非共和國首都普里托利亞、豪登省（Gauteng）、北方省（North Province）、西北省（North-West Province）、夸祖魯那他省（KwaZulu-Natal）、姆布馬蘭加（Mpumalanga）及自由省（Free State）六省，兼理模里西斯、馬達加斯加、塞席爾、葛摩、肯亞、烏干達、馬拉威、坦尚尼亞、尚比亞、索馬利亞、盧安達、蒲隆地、厄利垂亞、安哥拉、辛巴威、波札那及賴索托。

（4）歐洲地區

駐外館處	聯絡方式	領務轄區
駐奧地利臺北經濟文化代表處	館址： Wagramer Str. 19/11. OG, A-1220 Vienna, Austria 電話：+43-1-2124720	奧地利全境，兼理斯洛維尼亞、克羅埃西亞。
駐歐盟兼駐比利時台北代表處	館址： Square de Meeûs 26-27, 1000 Bruxelles, Belgique 電話：+32（0）2-287-2800	比利時全境，兼理剛果民主共和國（金夏沙）、剛果共和國（布拉薩）、加彭、喀麥隆、盧安達、蒲隆地、盧森堡。

駐外館處	聯絡方式	領務轄區
駐捷克台北經濟文化辦事處	館址： Evropska 2590/33c, 160 00 Praha 6, Czech Republic 電話：+（420）233-320-606	捷克全境。
駐丹麥台北代表處	館址： Amaliegade 3, 2. Sal, 1256 København K, Denmark 電話：+（45）33935152	丹麥全境及其屬地，兼理冰島。
駐芬蘭台北代表處	館址： Aleksanterinkatu 17，4th Floor，00100 Helsinki，Finland 電話：+358-9-68293800/09-68293800	芬蘭全境。
駐法國台北代表處	館址： 78 rue de l'Universite 75007 Paris France 電話：+（33-1）44398830	法國全境，兼理摩納哥、安道爾、加彭、剛果共和國（布拉薩）、盧安達、蒲隆地、象牙海岸、貝南、喀麥隆、多哥、馬利、茅利塔尼亞、阿爾及利亞、突尼西亞、幾內亞及摩洛哥（含西撒哈拉）、中非、查德、尼日、塞內加爾、布吉納法索、利比亞、葛摩、法屬留尼旺島、法屬馬約特島、法屬圭亞那。
駐德國臺北代表處	館址： Markgrafenstrasse. 35, 10117 Berlin, Germany 電話：+49-30-203610	柏林邦（Berlin）、布蘭登堡邦（Brandenburg）、薩克森邦（Sachsen）、薩安邦（Sachsen-Anhalt）、杜林根邦（Thüringen）。
駐德國臺北代表處法蘭克福辦事處	館址： Friedrichstrasse 2-6, 60323 Frankfurt, Germany 電話：+0049-69-745734	北萊茵西發利亞邦（Nordrhein-Westfalen）、黑森邦（Hessen）、萊茵法爾茲邦（Rheinland-Pfalz）、薩爾邦（Saarland）。

駐外館處	聯絡方式	領務轄區
駐德國臺北代表處漢堡辦事處	館址： Mittelweg 144 / 2.OG, 20148 Hamburg, Germany 電話：+49-40 447788	漢堡邦（Hamburg）、布萊梅邦（Bremen）、下薩克森邦（Niedersachsen）、什列斯威-霍爾斯坦邦（Schleswig-Holstein）、麥克倫堡-佛波門邦（Mecklenburg-Vorpommern）。
駐德國臺北代表處慕尼黑辦事處	館址： Leopoldstraße 28a/V, 80802 München, Germany 電話：+49-89-5126790	巴伐利亞邦（Freistaat Bayern）、巴登-符騰堡邦（Baden-Württemberg）。
駐希臘台北代表處	館址： 57, Marathonodromon Avenue, 15452 Paleo Psychico, Athens, Greece 電話：+30-210-6776750	希臘全境，兼理保加利亞、南賽普勒斯。
駐教廷大使館	館址： Via della Conciliazione 4/d, 00193Rome,Italy 電話：+39-06-6813-6206	梵蒂岡全境，兼理馬爾他騎士團。
駐匈牙利臺北代表處	館址： 1088 Budapest, Rakoczi ut 1-3/II em Hungary 電話：+（36-1）2662884	匈牙利全境，兼理塞爾維亞、科索沃、蒙特內哥羅、波士尼亞與赫塞哥維納、羅馬尼亞。
駐愛爾蘭台北代表處	館址： 8 Lower Hatch St., Dublin 2, D02Vy31, Ireland 電話：（+353）1-6785413	愛爾蘭全境。
駐義大利臺北代表處	館址： Viale Liegi No. 17, 00198 Roma, Italia 電話：+39-06-9826 2800	義大利全境，兼理阿爾巴尼亞、馬爾他、北馬其頓、聖馬利諾。
駐拉脫維亞台北代表團	館址： The World Trade Center Room 602，Elizabetes Street 2，Riga LV—1010，Latvia 電話：+（371）6732-0610	拉脫維亞全境，兼理愛沙尼亞，立陶宛。

駐外館處	聯絡方式	領務轄區
駐荷蘭台北代表處	館址： Van Stolkweg 23, 2585 JM Den Haag（The Hague）, The Netherlands 電話：++31（0）70 2503000 分機114	荷蘭全境，兼理荷屬古拉索、波奈、阿魯巴。
駐波蘭代表處（駐波蘭臺北代表處）	館址： 30th Floor, Ul. Emilii Plater 53, 00-113 Warsaw, Poland 電話：+（48）22-213-0060	波蘭全境。
駐葡萄牙臺北經濟文化中心	館址： Av. da Liberdade, no. 200-4th Floor, 1250-147 Lisboa Portugal 電話：+351 21-315-1279	葡萄牙全境（含馬德拉及亞速群島），兼理聖多美普林西比、幾內亞比索、維德角。
駐斯洛伐克臺北代表處	館址： Mostova 2, 81102 Bratislava, Slovak Republic 電話：+（421-2）58253220	斯洛伐克全境，兼理羅馬尼亞。
駐西班牙臺北經濟文化辦事處	館址： C / Rosario Pino 14-16，Piso 18 Dcha · 28020 Madrid，España（Spain） 電話：（+34）915714678	西班牙全境，兼理赤道幾內亞。
駐瑞典臺北代表團	館址： Wenner-Gren Center Sveavägen 166, 18tr 113 46 Stockholm 電話：+46-（0）8-728 85 13	瑞典全境，兼理挪威。
駐瑞士臺北文化經濟代表團日內瓦辦事處	館址： No. 97/101A Dhammazedi Road, Kamayut Township, Yangon, Myanmar 電話：+95-1-527-249	瑞士日內瓦邦（Genève）、沃邦（Vaud）、諾夏特邦（Neuchâtel）、瓦萊邦（Valais）。
駐瑞士臺北文化經濟代表團	館址： Kirchenfeldstrasse 14, 3005 Bern, Switzerland 電話：+41 31 382 2927	除駐日內瓦辦事處轄區以外之瑞士其他地區，兼理列支敦斯登。

駐外館處	聯絡方式	領務轄區
駐英國台北代表處	館址： 50 Grosvenor Gardens London SW1W 0EB United Kingdom 電話：+（44）20-7881-2650	除駐愛丁堡辦事處轄區以外之英國全境（含Guernsey、Jersey）及北愛爾蘭，兼理維京群島、開曼群島、塞席爾、獅子山、迦納、福克蘭群島、土克凱可群島（Turks and Caicos Islands）。
駐英國臺北代表處愛丁堡辦事處	館址： 1 Melville Street, Edinburgh EH3 7PE, United Kingdom 電話：+44 131 220 6886	蘇格蘭、英格蘭北部（即Durham 及 Cumbria 郡連線（含）以北地區，含 Isle of Man）。

（5）北美地區

駐外館處	聯絡方式	領務轄區
駐加拿大臺北經濟文化代表處	館址： 45 O'CONNOR STREET, SUITE 1960, OTTAWA, ONTARIO K1P1A4 電話：+1-613-231-5080	渥太華市（及其附近衛星都市）、魁北克省、紐芬蘭暨拉布拉多省，兼理法屬聖皮埃與密克隆群島（Saint-Pierre et Miquelon）。
駐多倫多臺北經濟文化辦事處	館址： 151 Yonge Street, Suite 501, Toronto, Ontario,M5C 2W7, Canada 電話：+1 416-369-9030	緬尼托巴省、安大略省、紐布朗斯維克省、愛德華王子島省、諾瓦斯科西亞省。
駐溫哥華臺北經濟文化辦事處	館址： Suite 2200, 650 West Georgia Street, Vancouver, BC V6B 4N7 Canada 電話：+604-689-4111 轉 227	卑詩省、亞伯達省、沙士卡其灣省、西北特區（Northwest Territories）、育空特區（Yukon Territories）、努納福特區（Nunavut Territories）。
駐亞特蘭大臺北經濟文化辦事處	館址： 1180 West Peachtree St., Suite 800, Atlanta, Georgia 30309, U.S.A 電話：+404-870-9375	喬治亞州、肯塔基州、田納西州、阿拉巴馬州、北卡羅來納州、南卡羅來納。
駐波士頓臺北經濟文化辦事處	館址： 99 Summer Street, Suite 801 Boston, MA 02110 USA 電話：+1 （617）737-2050	麻薩諸塞州、羅德島州、佛蒙特州、新罕布夏州、緬因州。

駐外館處	聯絡方式	領務轄區
駐芝加哥臺北經濟文化辦事處	館址： 55 West Wacker Drive, Suite 1200, Chicago, IL 60601 電話：+1-312-616-0100	俄亥俄州、密西根州、愛荷華州、印第安納州、伊利諾州、威斯康辛州、明尼蘇達州。
駐丹佛臺北經濟文化辦事處	館址： 1600 Broadway, Suite1740, Denver, CO 80202 電話：+1-720-587-2949	科羅拉多州、堪薩斯州、密蘇里州、北達科他州、南達科他州、內布拉斯加州。
駐關島台北經濟文化辦事處	館址： 590 South Marine Corps Drive, Suite 721（位於 ITC 國際貿易中心 7 樓）, Tamuning, Guam 96913 U.S.A. 電話：+1-671-472-5865	關島、北馬利安納群島邦
駐檀香山臺北經濟文化辦事處	館址： 2746 Pali Highway Honolulu, Hawaii 96817 U.S.A. 電話：+1-808-595-6347	夏威夷州、美屬薩摩亞、美屬帕邁拉環礁（Palmyra Atoll）。
駐休士頓臺北經濟文化辦事處	館址： 11 Greenway Plaza, Suite 2006, Houston, TX 77046 電話：+1-713-6267445 分機 3832	德克薩斯州、路易斯安納州、阿肯色州、密西西比州、奧克拉荷馬州。
駐洛杉磯臺北經濟文化辦事處	館址： 3731 Wilshire Boulevard, Suite 700, Los Angeles, CA 90010, U.S.A.（本處位於洛杉磯市市區威爾樹大道上） 電話：+（1-213）389-1215	加州南部（Fresno 以南）、新墨西哥州、亞利桑納州。
駐邁阿密臺北經濟文化辦事處	館址： 2333 Ponce de Leon Blvd. Suite 610, Coral Gables, FL 33134 電話：+1-305-443-8917	佛羅里達州、波多黎各、美屬維京群島、巴哈馬、百慕達、土克凱可群島、另與駐瓜地馬拉大使館共同兼轄多明尼加
駐紐約臺北經濟文化辦事處	館址： 1 E. 42nd Street, New York, NY 10017 U.S.A. 電話：+（1-212）317-7300	紐約、紐澤西、賓夕法尼亞及康乃迪克四州

駐外館處	聯絡方式	領務轄區
駐舊金山臺北經濟文化辦事處	館址： Taipei Economic and Cultural Office in San Francisco 555 Montgomery Street, Suite 501, San Francisco, CA 94111 電話：+（1-415）362-7680	加州北部（Fresno 以北，包括 Fresno）、內華達州、猶他州。
駐西雅圖臺北經濟文化辦事處	館址： One Union Square, 600 University St., Suite 2020, Seattle, WA 98101, U.S.A. 電話：+1-（206）441-4588	華盛頓州、蒙大拿州、懷俄明州、愛達荷州、阿拉斯加州、奧勒岡州。
駐美國臺北經濟文化代表處	館址： 4201 Wisconsin Avenue, N. W., Washington, District of Columbia 20016-2137, U.S.A. 電話： +（1-202）895-1800	華盛頓哥倫比亞特區、德拉瓦州、馬里蘭州、維吉尼亞州、西維吉尼亞州。

（6）拉丁美洲暨加勒比海區

駐外館處	聯絡方式	領務轄區
駐阿根廷臺北商務文化辦事處	館址： Av. de Mayo 654 C1084AAO C.A.B.A. 電話：+（54-11）52182600	阿根廷全境，兼理烏拉圭。
駐貝里斯大使館	館址： No. 1, Taiwan Street, Belize City, Belize.（Central America） 電話：+（501）2278744	貝里斯全境。
駐聖保羅臺北經濟文化辦事處	館址： Alameda Santos 905, 12 andar, Cerqueira Cesar, Sao Paulo, SP-01419-001, Brasil 電話：+（55-11）3285-6988	巴西聖保羅州（São Paulo）、里約州（Rio de Janeiro）、聖靈州（Espírito Santo）、大礦州（Minas Gerais）、南大草原州（Mato Grosso do Sul）、巴拉納州（Paraná，包含巴西福斯市）、聖卡達莉納州（Santa Catarina）、南大河州（Rio Grande do Sul）。

駐外館處	聯絡方式	領務轄區
駐巴西臺北經濟文化辦事處	館址： SHIS QI 09, Conjunto 16, Casa 23, Lago Sul, CEP 71625-160, Brasilia - DF, Brasil 電話：（+55-61）3364-0221	除駐聖保羅辦事處轄區外之巴西其他地區。
駐智利臺北經濟文化辦事處	館址： Avda. Apoquindo 3001, Piso 5, Las Condes, Santiago, Chile 電話： （+56）2-23629772~76	智利全境，兼理福克蘭群島（英國海外領地）。
駐哥倫比亞台北商務辦事處	館址： Carrera 11 No. 93-53 Of. 501, Bogota, Colombia 電話：+57-1-6350980	哥倫比亞全境（含加勒比海之哥屬聖安德烈斯等島），兼轄委內瑞拉、古巴。
臺北駐厄瓜多商務處	館址： CATALINA ALDAZ N34-181 Y PORTUGAL, EDIFICIO TITANIUM II PISO 2, QUITO, ECUADOR 電話：+593-2-2443412	厄瓜多全境。
駐瓜地馬拉大使館	館址： 4 Avenida "A", 13-25, Zona 9, Guatemala City, Guatemala, Central America 電話：+（502）2322-0168	瓜地馬拉全境，兼理多明尼加、薩爾瓦多。
駐海地共和國大使館	館址： 22, Rue Lucien Hubert, Morne Calvaire, Pétion-Ville, Haïti 電話：（+509）3775-0109	海地全境。
駐汕埠總領事館	館址： Casa No. 16, 25 Calle, 21 y 23Avenida, Col. El Pedregal, San Pedro Sula, Honduras 電話：+（504）2566-1435	宏都拉斯歌德斯省（Cortes）、聖塔芭芭拉省（Santa Barbara）、哥班省（Copan Ruinas）、優洛省（Yoro）、亞特蘭提達省（Atlantida）、科隆省（Colon）、格拉西亞斯阿迪歐斯省（Gracias a Dios）、灣島省（Islas de la Bahia）。

駐外館處	聯絡方式	領務轄區
駐宏都拉斯共和國大使館	館址： Colonia Palmira, Avenida República de Panamá, Torre Imperial, Piso 6 y 7, Tegucigalpa, M.D.C. Honduras, C.A. 電話：+（504）2236-8924	除駐汕埠總領事館轄區以外之宏都拉斯其他地區。汕埠總領事館轄區為哥德斯省（Cortes）、聖塔芭芭拉省（Santa Barbara）、哥班省（Copan Ruinas）、優洛省（Yoro）、亞特蘭提達省（Atlantida）、科隆省（Colon）、格拉西亞斯阿迪歐斯省（Gracias a Dios）、灣島省（Islas de la Bahia）。
駐墨西哥台北經濟文化辦事處	館址： Bosque de La Reforma 758,Bosques de Las Lomas,Miguel Hidalgo,C.P. 11700,Ciudad de México, México 電話：+52-（55）5245-8888	墨西哥全境。
駐尼加拉瓜共和國大使館	館址： Planes de Altamira, Lotes 19 y 20, Managua, Nicaragua 電話：+505-22771333	尼加拉瓜全境，兼理巴拿馬、哥斯大黎加。
駐東方市總領事館	館址： Avda. del Lago , Barrio Boqueron II , Ciudad del Este, Paraguay 電話：+（595）61-500329	巴拉圭上巴拉那省（Alto Paraná）、伊泰布省（Itapúa）、加寧德優省（Canindeyú）、巴西福斯市（Foz do Iguaçu, Brazil）。
駐巴拉圭共和國大使館	館址： Avda.Aviadores Chaco 3100, Torre Aviadores Piso 11, Asuncion, Paraguay 電話：+595-21-662-500	除駐東方市總領事館轄區以外之巴拉圭其他地區。
駐祕魯臺北經濟文化辦事處	館址： Av. Las Palmeras No.301, Urb. Camacho, La Molina, Lima, Peru 電話： +51-1-4378318/4378319	祕魯全境，兼理玻利維亞。

駐外館處	聯絡方式	領務轄區
駐聖克里斯多福及尼維斯大使館	館址： Taylor's Range, Basseterre St. Kitts, West Indies 電話：+（1-869）465-2421	聖克里斯多福及尼維斯全境、兼理安地卡暨巴布達（Antigua and Barbuda）、牙買加（Jamaica）、安吉拉（Anguilla，英屬）、維京群島（British Virgin Islands，英屬）、開曼群島（Cayman Islands，英屬）、蒙哲臘（Montserrat，英屬）、聖佑達修斯（St. Eustatius，荷屬）、沙巴（Saba,荷屬）、聖巴瑟米（St. Barthelemy，法屬）、聖馬丁（St. Martin,法屬及 St. Maarten 荷屬）。
駐聖露西亞大使館	館址： Reduit Beach Avenue, Rodney Bay, Gros Islet, St. Lucia 電話：+1-758-452-8105	聖露西亞全境，兼理巴貝多（Barbados）、多米尼克（Dominica）、馬丁尼克（Martinique，法屬）、瓜地洛普（Guadaloupe，法屬）。
駐聖文森國大使館	館址： Murray's Road, Kingstown, St. Vincent and the Grenadines, West Indies 電話：+1-784-456-2431	聖文森全境，兼理格瑞那達、千里達及托巴哥、蓋亞那、蘇利南。

文化思潮 202

移民臺灣!你不可不知的事:一本精通申辦移民的法令須知與實務

作者	徐健麟、蔡政杰
圖表提供	徐健麟、蔡政杰
特約編輯	葉惟禎
主編	謝翠鈺
封面設計	陳文德
美術編輯	趙小芳
董事長	趙政岷
出版者	時報文化出版企業股份有限公司
	108019台北市和平西路三段二四〇號七樓
	發行專線│(〇二)二三〇六六八四二
	讀者服務專線│〇八〇〇二三一七〇五│二三〇四七一〇三
	讀者服務傳真│(〇二)二三〇四六八五八
	郵撥│一九三四四七二四時報文化出版公司
	信箱│一〇八九九　台北華江橋郵局第九九信箱
時報悅讀網	http://www.readingtimes.com.tw
法律顧問	理律法律事務所│陳長文律師、李念祖律師
印刷	勁達印刷有限公司
初版一刷	二〇二一年四月十六日
定價	新台幣四〇〇元

(缺頁或破損的書,請寄回更換)

時報文化出版公司成立於一九七五年,
並於一九九九年股票上櫃公開發行,於二〇〇八年脫離中時集團非屬旺中,
以「尊重智慧與創意的文化事業」為信念。

移民臺灣!你不可不知的事:一本精通申辦移民的法令須知與實務
/ 徐健麟, 蔡政杰作. -- 初版. -- 臺北市:時報文化, 2021.04
　面;　公分. -- (文化思潮;202)
ISBN 978-957-13-8522-8(平裝)

1.移民法

577.62　　　　　　　　　　　　　　　109021220

ISBN 978-957-13-8522-8
Printed in Taiwan